CONTES INITIATIQUES DES SOUFIS

DU MÊME AUTEUR

Aux éditions du Rocher

Le Monastère magique
Sages d'Orient
Caravane de rêves

Aux éditions Le Courrier du Livre

Les Exploits de l'incomparable Mulla Nasrudin
Les Plaisanteries de l'incroyable Mulla Nasrudin
Contes derviches
Sagesse des idiots
Apprendre à apprendre

Aux éditions Albin Michel

Chercheur de vérité

Aux éditions Stock

Kara Kush

Aux éditions Payot

La Magie orientale

Rencontres et entretiens avec Idries Shah :

L'Éléphant dans le noir, L. Lewin (dir. publ.), éditions Le Courrier du Livre.

Avec les derviches, Michael Burke, éditions Le Courrier du Livre.

Voyages avec un maître soufi, Bashir Dervish, éditions Flammarion.

IDRIES SHAH

CONTES INITIATIQUES DES SOUFIS

Traduit de l'anglais
par Jean Néaumet

Textes sacrés

ÉDITIONS DU
ROCHER
Jean-Paul Bertrand

Titre original : *The Dermis Probe*, The Octagon Press
P. O. Box 227, London N6 4EW.

Idries Shah est directeur d'études de l'Institute for Cultural
Research P. O. Box 13, Tunbridge Wells, Kent.

ISBN 2 268 03314 7

Préface

POISSONS ROUGES

Il était une fois un homme qui désirait observer les poissons rouges : il se demandait si quelques-unes de leurs particularités ne pourraient pas aider les scientifiques à comprendre certaines caractéristiques du système nerveux humain.

Il trouva quelqu'un pour soutenir financièrement ses travaux et partit pour un pays lointain mener ses recherches.

Peu après qu'il eut entrepris ses observations, les autorités de ce pays s'aperçurent qu'il n'avait pas les licences et les certificats nécessaires. En observant les poissons rouges il avait violé la loi.

Bien qu'il fût diplômé de l'université et expert en psychologie des poissons, cet homme n'était pas au courant de la réglementation en vigueur. Il ne savait rien non plus de la mentalité de ceux qui l'avaient établie et l'interprétaient.

Dans ce livre vous trouverez illustrés certains des modes de pensée particuliers au pays qui est le monde d'aujourd'hui, vus par ses habitants et par ceux qui se considèrent comme des visiteurs.

Si vous croyez, soit dit en passant, qu'un scientifique peut observer les poissons rouges sans autorisation, lisez le Rapport du ministère de l'Intérieur britannique, publié en 1968, sur l'application de la Loi relative aux sévices sur les animaux : ce délit y est officiellement répertorié.

Idries Shah

Investigations dermiques

Les membres de la Commission de scientifiques internationaux contemplent un spectacle déconcertant, qui nous est retransmis par télévision, la caméra utilisée étant équipée d'une bonnette d'approche d'un fort pouvoir de grossissement.

La caméra exécute un plan panoramique sur une surface grisâtre, striée : gros plan d'un objet dans l'espace, marqué çà et là de fissures, tantôt s'incurvant, tantôt obscurci par des ombres mates. Zone aride : rien ne bouge, rien ne pousse. La rugosité de la surface suggère une masse élastique, vide, un épiderme de larve ou de pachyderme raviné, comme érodé depuis un temps immémorial.

La voix du commentateur américain replace ce reportage documentaire dans son contexte :

« Depuis le commencement du monde, l'homme a régulièrement et inlassablement exploré son environnement, il s'est évertué à élargir toujours le champ du connu, il envoie même, aujourd'hui, des sondes spatiales à destination d'autres planètes... »

Tandis que les plans se succèdent, présentant chaque fois l'objet sous un angle différent de façon à offrir une vision aussi complète que possible de la masse énigmatique, la voix très britannique du président de la Commission se fait entendre à son tour :

« Ce que nous considérons là, c'est, heu, la topographie du tégument, dirons-nous, la peau de, heu, la majeure partie d'une masse dont les caractéristiques sont... »

Le rapport factuel de l'astrophysicien du laboratoire, qui a déjà quelques résultats à communiquer, vient couper, par un fondu sonore, le commentaire du président :

« ... Les lamelles de ce matériau incontestablement organique révèlent au microscope une structure cellulaire qui s'apparente de manière saisissante à celle d'un tissu dermique. »

Les téléspectateurs peuvent entendre une série de sons correspondant à l'expérience conduite en laboratoire. L'astrophysicien reprend :

« Si l'on colore la lamelle avec le fluide de Von Glauben... »

Il est interrompu : c'est un débat démocratique.

On entend distinctement la réplique du savant allemand :

« Le fluide de Von Glauben ? Puis-je me permettre de vous rappeler que l'on a établi au début des années soixante que c'était un procédé tout à fait arbitraire. En 1963, il a été supplanté par la méthode traumatique de Kauffer et Blakmann. Il est donc complètement périmé. »

Le président aiguille la discussion sur une autre voie pour faire intervenir un autre brillant scientifique :

« Heu, non, oui, heu, bien... Toutefois, jusqu'à plus ample informé, heu, pour résumer, il pourrait être bon, et, effectivement, approprié, de demander au professeur

Markarjee, scientifique indien, de nous donner quelques aperçus de ses travaux sur ce matériau. »

Le docteur Markarjee, avec vivacité, en vient tout de suite à l'essentiel :

« Je peux affirmer catégoriquement qu'indéniablement ce matériau ne peut être, de façon concluante, classifié par la catégorisation conventionnelle. Tous les personnels scientifiques engagés dans le projet conjoint Calcutta-Bénarès se sont montrés objectifs dans leur subjectivité parce qu'ils avaient été soumis au préalable à un entraînement intensif de nirvana provoqué. Il m'appartient en outre de dire... »

Mais il ne reste plus beaucoup de temps, et l'intervention du directeur du programme s'évanouit, recouverte par celle, glacée, de l'expert spatial américain, qui vient présenter un autre point de vue :

« Nous avons découvert il y a peu que la datation par radiocarbone 90 de ce matériau nous donne une-deux-trois années sur l'échelle temporelle relative avec une erreur admise de plus ou moins 6 virgule 0. La force de tension est directement proportionnelle au volume, et la température de destruction montre une faible résistance. Puisque ce matériau ne peut être ni broyé ni laminé, la National Aeronautics and Space Administration considère qu'il est impropre à la fabrication des ogives. Il est par conséquent déclassé. »

Et qu'en est-il des résultats obtenus par le radioastronome ?

« Nous avons clairement établi, intervient le radioastronome, que ce n'est pas une source quasi stellaire de radiopropagation, mais, en employant notre transmetteur à double corps, nous avons pu enregistrer une dispersion sensible, et le matériau pourrait, en théorie, être utilisé comme réflecteur sélectif, si l'on avait besoin d'une substance dotée de ces caractéristiques pour un travail poussé et extrêmement spécialisé. »

Le savant allemand, invité de nouveau à donner son avis, fait observer :

« Kauffer et Blakmann l'ont prouvé : la différenciation cellulaire peut être expliquée avec davantage de précision par l'illumination différentielle de haut magnétisme et la micro-analyse spectroscopique. »

Le président estime que le moment est venu de s'acheminer élégamment vers la fin de l'émission :

« Ah, bien, heu... Je pense que, heu, nous pouvons conclure sans risque d'erreur que, tout en ne sachant rien de l'ensemble de la chose, toutes les preuves dont nous disposons *tendent à suggérer* que le matériau spécifique en question, quoique non statique et, semble-t-il, singulièrement obstructif et de nature plutôt fibreuse, se révélera en temps voulu, et trouvera par là-même sa juste place dans l'ordre de la nature. »

La caméra opère un zoom arrière tandis que la voix du commentateur américain retentit, solennelle, pour le finale :

« ... Et livrera définitivement son mystère, l'Homme, dans sa quête sans fin, ayant toujours le dernier mot. »

Le générique commence de se dérouler devant la dernière image : l'objectif a fait un tel zoom arrière que, pour la première fois, l'objet tout entier, et non plus seulement sa peau, est visible. C'est un gros éléphant africain.

Maintenant, la devise de l'Institut de dermatographie comparée éclipse presque entièrement l'image et grandit, tandis que nous lisons :

LES PARTIES SONT PLUS GRANDES
QUE LE TOUT

L'HOMMAGE AU VOLEUR

Junaid, traversant la place, vit le gibet dressé.
Un voleur allait être pendu.
Il s'inclina en direction du criminel.
Quelqu'un demanda :
« Pourquoi as-tu fait ça ?
– Je m'incline devant sa détermination, dit Junaid. Pour son but, cet homme a donné sa vie. »

*
**

Montrez à un homme trop d'os de chameau, ou montrez-les lui trop souvent, et il ne sera pas capable de reconnaître un chameau lorsqu'il en rencontrera un vivant.

Mirza Ahsan de Tabriz

Base : planète Terre

Ne révélez pas vos secrets à tout le monde dans cette base : la planète Terre.

Nous l'avons bien inspectée. Nous n'avons trouvé personne à qui confier les secrets.

Anwar-i-Suhaili – Les Lumières de Canopus

LE DÉTRACTEUR

Certains disciples de Si Mandoub chantaient sans cesse ses louanges.

Ayant entendu dire qu'un derviche l'avait critiqué, ils assiégèrent la maison du détracteur, criant :

« Tu as attaqué et calomnié notre maître, nous exigeons que tu rétractes tes propos ! »

Le derviche leur dit :

« Raisonnement de novices, futile et creux !

« Retournez chez votre maître, demandez-lui de vous expliquer pourquoi Arif Yahya le critique : c'est ce que vous auriez dû faire avant de venir ici vous exciter mutuellement contre moi comme une meute de loups résolue à détruire. »

Les disciples battirent en retraite.

Quand l'occasion de parler au maître se présenta, ils l'interrogèrent.

« Arif Yahya me combat, dit Si Mandoub, afin d'éloigner de moi les esprits superficiels et influençables. C'est ainsi que lui et moi travaillons ensemble. Comme ça, on me laisse tranquille, et je peux mener mes entreprises à bien. »

*
**

La mine est toujours plus grosse que la gemme.
Proverbe

LES MATÉRIAUX DE LA RÉGION

Ibn Aswad visita, en Syrie, la tekkia du sheikh Halim Unwani. Il fut très impressionné par l'étendue et la majesté des lieux, le nombre des serviteurs, la plénitude des disciples.

Mais le sheikh était absent. Ayant appris qu'il était allé s'établir pour quelque temps en Afrique du Nord afin d'y répandre l'Enseignement, Ibn Aswad partit à sa recherche.

Il le trouva au Maroc.

Halim était fort simplement vêtu, habitait une petite maison, n'avait qu'une poignée d'élèves. Les exercices avaient lieu à l'extérieur, dans une cabane.

Perplexe, Aswad prit à part le plus proche collaborateur d'Halim, Mustafa Mahjub :

« Pourquoi le sheikh ne fait-il pas venir d'Alep et de Damas hommes et biens, et ne montre-t-il pas à ces Africains qu'il est quelqu'un d'important ? Il pourrait faire venir d'Orient des foules de disciples, et des ouvriers, et des tapis, et faire construire une salle d'audience convenable... »

Mahjub rit, puis il dit :

« Notre or n'est pas le même que leur or. Notre langue, à l'oreille, est différente de la leur. Ne vois-tu pas que notre sheikh parle et s'habille comme un homme de la région ? On récolte dans la région ce qu'on a semé dans la région. Les maisons d'ici sont construites avec les matériaux d'ici. »

*
**

Mieux vaut se disputer avec un ami que soutenir ses ennemis.

Proverbe

QUAND L'EXTRAORDINAIRE DEVIENT ORDINAIRE

Un savant demanda au grand sage Afzal d'Iskandariya :

« Que peux-tu me dire d'Alim Azimi, ton maître, à qui tu attribues des qualités qui t'ont façonné ? »

Afzal répondit :

« Sa poésie m'enivrait, son amour des hommes m'imprégnait, son abnégation me transportait.

– Vrai, un tel homme pourrait façonner des anges ! » s'exclama le savant.

Afzal poursuivit :

« Ce sont là les qualités qui t'auraient prévenu en sa faveur. Parlons maintenant des qualités qui lui ont permis d'aider les hommes à transcender l'ordinaire.

« Hazrat Alim Azimi m'irritait : il m'amenait ainsi à examiner mon irritation, à remonter à sa source. Alim Azimi me mettait en colère, afin que je puisse éprouver et transformer ma colère. Alim Azimi se laissait attaquer, pour que les gens puissent voir la grossièreté de ses attaquants et ne se joignent pas à eux. Il nous montrait l'étrange et l'extraordinaire, afin que l'extraordinaire devienne pour nous ordinaire et que nous prenions conscience de ce qu'il est réellement. »

*
**

Qui n'a pas d'abord creusé un puits ne devrait pas voler un minaret.

Proverbe

SERVICE INVISIBLE

De temps à autre, Ajnabi donnait des livres :

« Je n'en ai plus besoin, disait-il. Peut-être les voulez-vous ? »

Il donnait aussi de la nourriture, disant :

« Je n'ai pas faim. En voulez-vous ? »

Un jour, Husseini, son compagnon, lui dit :

« Tu présentes toujours les choses de telle façon que les bénéficiaires ne se rendent pas compte de ce que tu fais pour eux. Ils croient que tu leur donnes ce dont tu ne veux plus. Aussi n'y attachent-ils pas grand prix.

– Je ne m'attends pas à ce qu'ils y attachent du prix, répondit Ajnabi. En fait, je ne veux pas qu'ils y attachent du prix. Je veux qu'ils en fassent leur profit, plutôt que de me louer pour cela. »

Husseini relate :

« Ajnabi dispensait ses enseignements de la même manière. Les élèves ne savaient jamais ce qu'ils apprenaient : il les rendait possesseurs de savoir, tout en procédant de façon à les empêcher de priser le savoir. Ils avaient, en général, l'impression de participer à une activité sans objet.

« Ajnabi ne manquait pas une occasion de le souligner : "La part de savoir dont les gens font le plus grand cas, c'est précisément celle qui ne leur fait aucun bien : comme une confiserie qu'on admirerait sans la manger." »

*
**

Il n'arrive pas malheur à qui connaît sa capacité.

Proverbe

RENVOYÉ

Anwar du Badakhshan s'étant rendu à Alep fut surpris de découvrir que le représentant de Maulana Bahaudin dans cette ville était un homme que le maulana avait exclu de sa présence quelques années auparavant.

De retour à Boukhara, Anwar questionna Bahaudin.

« Comment se peut-il que quelqu'un qui a été la cible de ton courroux puisse être, en fin de compte, investi d'une si haute fonction ? »

Le maulana répondit :

« Le vent dissémine les graines de certains végétaux et les fait voler là où elles pourront éventuellement pousser et se développer. Pour qui juge de l'extérieur, le vent peut sembler hostile aux graines. Mais quelle est, en l'occurrence, la fonction du vent, sinon de donner l'impulsion dont les graines ont besoin ? »

*
**

Si tu es cupide, tu es prisonnier.
Si tu es avide, jamais tu ne seras comblé.

Proverbe

QUATRE GROUPES

Un maître soufi itinérant vit des gens se démener pour tirer un crocodile hors de l'eau. Constatant que l'animal n'était pas mort, et prévoyant qu'il pourrait tuer quelques-uns de ses tourmenteurs si ceux-ci parvenaient à le hisser sur la berge, il coupa la corde avec laquelle ils l'avaient capturé.

Ces gens, l'ayant empoigné, le frappèrent.

« Il porte le vêtement du soufi, mais c'est un hypocrite, un malfaiteur, vociféraient-ils : les soufis ne font que de bonnes œuvres ! »

Peu de temps après, il rencontra en chemin un groupe de derviches.

Ces derniers croyaient que par l'action ils atteindraient à l'*être*. Il leur dit que leur *être* viendrait par l'inaction. Les derviches le chassèrent.

Le maître séjourna ensuite dans une école de "chercheurs". Ceux-là menaient une vie contemplative. Se rendant compte qu'ils avaient besoin d'action, il leur dit :

« L'*être* vient par l'action. »

Les "chercheurs" firent du soufi leur guide. Jusqu'au jour où l'un d'eux, étant allé rendre visite à un ami, apprit ce qui s'était passé avec le groupe précédent. Quand il fut de retour, il dit aux autres :

« Cet homme est un imposteur, un opportuniste ! Autrefois il prônait l'inaction, proclamant : "L'être naît de l'inaction." On l'a rejeté à cause de cela. Aussi avance-t-il aujourd'hui la proposition contraire. »

C'est ainsi que les chercheurs expulsèrent le maître soufi.

Il trouva sur son chemin un autre groupe, et dit à ses membres :

« L'*être* naît parfois de l'action, parfois de l'inaction. »

Ceux-là lui dirent un peu plus tard :

« Si tu nous avais dit d'agir quand c'était le moment d'agir, nous l'aurions fait. Si tu nous avais dit de ne pas agir quand le temps de l'inaction était venu, nous t'aurions écouté. Mais en nous parlant comme tu nous parles, tu nous embrouilles les idées, tu divises notre attention. Donne-nous un dogme à la fois. »

Il dut se séparer d'eux.

Voilà quels furent les quatre premiers groupes avec lesquels il travailla.

Le bruit court qu'il vit aujourd'hui au sein d'une cinquième communauté.

*
**

Aucun chirurgien ne peut soigner les blessures causées par la langue.

Proverbe

Gentillesse

C'est une époque où, du fait d'injustices excessives,
La vie et les biens sont partout menacés.
Qui peut-on estimer
Dans un monde où l'on croit que c'est
Vous faire une gentillesse que de ne pas vous faire de mal ?

Anwar-i-Suhaili

Supplications accumulées

Des gens avaient coutume de se rendre dans un lieu saint et d'y prier pour que la fortune les favorise.

Ils faisaient une modeste offrande au derviche gardien du sanctuaire, par charité, et pour qu'il puisse continuer de l'entretenir.

Cette tradition, dont l'origine avait été oubliée, était observée depuis longtemps déjà lorsqu'un vrai nécessiteux arriva en ce lieu.

Il ne demanda rien.

Un homme charitable qui se trouvait là vint vers lui.

« J'ai fait le vœu, dit cet homme, de donner tout mon argent, ici-même, à la première personne que je verrai entrer. »

Il céda sur-le-champ, et jusqu'au dernier sou, toute sa fortune à l'indigent.

Un des disciples du derviche demanda quel était le sens profond de l'événement.

Ce derviche était plein de sagesse. Voici ce qu'il répondit :

« Les supplications accumulées attendaient que se présente un homme vraiment nécessiteux qui ne demanderait rien. À l'instant même où il est entré ici, les aspirations justes ont opéré et les prières ont pu produire leur véritable effet.

– Mais les gens croient que c'est le sanctuaire en soi qui leur porte chance, objecta une des personnes présentes.

– Il porte chance à ceux qui le méritent. Les autres attribuent leur bonne fortune au fait d'être venus ici en pèlerinage. Attribution et origine sont souvent deux choses fort différentes. »

Opinion et réalité

Un groupe de « chercheurs » était venu rendre visite à un grand maître qui connaissait la voie de la sagesse.

Ils trouvèrent le maître dans la cour, festoyant avec des disciples.

« C'est odieux ! s'indignèrent les uns. Ce n'est pas une façon de se conduire, quel que soit le prétexte ! »

Les autres, au contraire, d'approuver :

« Rien à redire à cela ! Ce type d'enseignement nous plaît, nous voulons y participer. »

D'autres avouaient leur perplexité :

« Nous ne savons pas trop qu'en penser, nous aimerions bien pouvoir éclaircir ce mystère. »

D'autres encore s'interrogeaient :

« Sans doute y a-t-il là-dessous quelque sagesse cachée... Devons-nous chercher à savoir ce qu'il en est ? Ou faut-il en rester là ? »

Le maître les congédia tous.

Ces gens répandirent leurs opinions, en paroles et par

écrit, concernant les festivités dont ils avaient été témoins. Même ceux qui ne firent pas directement allusion à leur expérience en furent marqués à un degré ou à un autre, et les impressions qu'elle leur avait laissées se reflétèrent dans leurs propos, et même dans leurs actes.

Quelque temps après, certains des membres de ce groupe, se trouvant à proximité de la maison du maître, lui rendirent de nouveau visite.

Ils se tinrent un moment à l'entrée. Le maître et ses élèves étaient assis dans la cour intérieure, hiératiques, abîmés dans la contemplation.

« Voilà qui est mieux ! dirent les uns : il a manifestement tenu compte de nos protestations.

– C'est parfait ! dirent les autres : la dernière fois, il voulait nous mettre à l'épreuve, voilà tout !

– C'est sinistre ! estimèrent d'autres, des tristes mines, on en peut voir partout. »

D'autres encore avaient d'autres opinions, qu'ils exprimèrent ou non.

Le grand sage les renvoya tous.

Longtemps après, quelques-uns de ces « chercheurs », désireux de savoir ce que le maître pensait de leurs réactions et réflexions, revinrent pour la troisième fois.

Ils se présentèrent à l'entrée, jetèrent un coup d'œil dans la cour. Le maître était là : il ne festoyait pas, ne méditait pas, ses élèves avaient disparu.

« Je peux maintenant vous dire ce qu'il en est, leur dit-il, car j'ai pu renvoyer mes disciples : le travail est achevé.

« La première fois que vous êtes venus ici, les disciples prenaient les choses trop au sérieux. J'étais en train d'appliquer le correctif.

« La deuxième fois que vous êtes venus, ils s'étaient montrés trop désinvoltes, j'appliquais le correctif.

« Quand un homme travaille, il n'a pas toujours le temps, ni le désir, de s'expliquer devant des visiteurs de passage, si intéressés ceux-ci pensent-ils être. Quand une action est en cours, ce qui compte, c'est son déroulement correct. L'appréciation des observateurs extérieurs est en l'occurrence une affaire secondaire. Ce que les gens peuvent penser d'une situation nous en apprend davantage sur eux que sur la situation considérée. »

*
**

Rouille

Vous aurez beau laver la rouille, elle ne deviendra pas blanche.

Anwar-i-Suhaili

La boucle est bouclée

Comment Odi Odam en vint-il à suivre l'enseignement du Sage, Dervish Rahim ?

Un jour, sortant de sa torpeur, Odi Odam pensa, au moment où un rayon de soleil lui tombait sur les yeux : « Il est grand temps que j'accomplisse quelque chose. »

Il regarda autour de lui en quête d'une idée. Son regard s'arrêta sur un livre, dans un coin de la pièce. Ce livre était là depuis des années (il était déjà là du temps de son regretté père), mais il n'y avait jamais prêté attention.

« Cela devrait faire l'affaire, pour commencer, se dit-il. N'a-t-il pas été établi par les savants qu'"il vaut mieux faire quelque chose que ne rien faire du tout" ? »

Il ramassa le livre, le mit dans sa poche et se rendit dans la ville voisine. Il s'installa sur la place du marché avec cet unique objet. Un homme l'aborda bientôt.

« Quelle vertu particulière a donc ce livre, et à quel prix l'estimes-tu ? demanda-t-il à Odi Odam.

– Eh bien, dit Odi Odam, ce livre appartenait à mon

père, ce qui veut dire, évidemment, que c'est un ouvrage de très grande valeur. Ne respectes-tu pas toi-même le jugement de ton père ?

– Bien sûr que si », dit l'autre.

Il donna à Odi, pour le livre, tout l'argent qu'il avait.

Peu après Odi avisa dans une rue un homme assis près d'un tas de plumes. Cet homme venait en fait de plumer une volaille et de la vendre à un client, et les plumes restaient sur le pavé.

« Quelle vertu particulière ont donc ces plumes, et à quel prix les estimes-tu ? » s'enquit Odi.

Le marchand était d'une honnêteté plus que douteuse.

« Elles sont à toi, fit-il, si tu me donnes tout l'argent que tu as. Quant à leur vertu, il ne m'est pas permis d'en parler. »

Une loi locale interdisait en effet aux commerçants de vanter leurs produits de façon mensongère.

Odi donna à cet homme tout l'argent qu'il avait, et partit avec les plumes.

« Si elles ont une valeur cachée, pensa-t-il, je finirai bien par le savoir. Ce qui compte, c'est la possession, pas l'information. »

Il s'était souvenu du vieil adage : « L'information ne mène pas toujours à la possession, mais la possession peut mener à l'information. »

Il en était là de ses réflexions lorsqu'il se trouva nez à nez avec un idiot aux manières engageantes, qui lui dit :

« Je voudrais bien avoir des plumes comme celles-là, pour pouvoir faire l'oiseau. Mais je suis pauvre.

– Que sais-tu de la vertu secrète des plumes ? demanda Odi.

– Rien, dit l'idiot, qui ne savait rien.

– En ce cas, dit Odi, tu n'auras pas un avantage sur moi si je m'en défais. Que peux-tu donner en échange, mon ami ?

– Que dirais-tu de ce livre qu'un passant vient de me jeter à la figure sous prétexte que je l'agaçais ? »

Odi reconnut le livre de son père.

Il échangea les plumes contre le livre, mais, comme il ne savait pas lire, il l'apporta à Dervish Rahim.

Le Sage lui dit :

« Ce livre porte ce titre : *Ne t'aventure jamais à échanger une chose contre une autre. Si tu fais cela, tu as une chance sur un million de retrouver l'occasion de prendre un vrai départ.* »

*
**

Quiconque aspire à la sagesse se méprise. Seuls les ignorants se fient à leur jugement.

Proverbe

Les fous

Ajnabi dit à ses disciples :

« Les habitants de la Terre sont fous. »

Il leur promit d'en apporter la preuve.

Il convia ce soir-là un homme riche à venir rompre le jeûne avec lui. L'homme vint, et ils mangèrent du pain sec et une datte chacun : c'était là toutes les provisions d'Ajnabi.

De retour chez lui, l'homme riche fit porter au soufi une bourse contenant dix mille dinars. Ajnabi la lui renvoya avec une note ainsi libellée : « On peut manger le pain, l'or n'est utile à rien : son utilité n'est qu'imaginaire. »

Alors il fit venir un nécessiteux et l'envoya chez le riche demander dix mille dinars.

« Que t'a-t-il dit ? demanda-t-il au pauvre lorsqu'il fut revenu.

– Il m'a dit qu'il ne me donnerait rien », rapporta le pauvre.

Ajnabi se tourna vers les disciples.

« Les gens de ce monde sont fous en vérité. Ils croient que l'or égale le pain, et ils vont jusqu'à échanger l'un contre l'autre. Puis, quand ils voient un homme honnête et nécessiteux, ils imaginent qu'il est de leur intérêt de ne pas l'aider. Si ces gens-là sont sains d'esprit, comme ils le croient, alors jetons-nous dans ce qu'ils pensent, eux, être de la folie. »

*
**

Celui qui m'a enseigné ne serait-ce qu'une lettre a fait de moi son esclave.

Proverbe

Un groupe de soufis

Un maître soufi envoya ses élèves vivre et travailler en un lieu qu'il leur désigna. Le petit groupe s'installa dans une maison.

Ne souhaitant pas trop attirer l'attention, les membres de ce groupe décidèrent que seul le responsable – le principal représentant du maître – enseignerait en public ; tous les autres assumeraient en apparence les fonctions de domestiques.

Quand mourut le « représentant », les membres de la communauté réorganisèrent le fonctionnement de la maison et révélèrent leur qualité de soufis, conformément aux instructions de leur maître.

Mais les habitants du pays où ils s'étaient établis les accusèrent d'être des imitateurs, et fuirent leur présence.

« Quelle honte ! disaient-ils. Regardez comment ces gens ont usurpé et partagé l'héritage du Grand Maître. Ces misérables larbins se comportent désormais comme s'ils étaient eux-mêmes des soufis ! »

*
**

La langue est la meilleure masseuse des fronts ridés.

Anwar-i-Suhaili

SALIK EN ROUTE POUR KANDAHAR

Salik rencontra sur la route de Kandahar un groupe de voyageurs. Il était habillé en tanneur. Or l'un des membres de ce groupe, auquel les autres semblaient témoigner le plus grand respect, portait la robe du soufi.

« Qui es-tu ? lui demanda Salik.

– Un soufi », répondit le voyageur.

Salik sortit un long couteau de son étui et s'avança vers lui. Le "soufi" recula, saisi de frayeur.

« Pourquoi trembles-tu ? interrogea Salik.

– Pourquoi veux-tu me tuer ?...

– Me donneras-tu ton argent si je te laisse la vie sauve ?

– Je te donne tout mon or. »

Salik se tourna vers le groupe :

« Cet homme n'est pas un soufi. Il a peur de mourir et il est prêt à donner de l'argent en échange de sa vie. Un soufi, c'est quelqu'un qui ne se laisse manœuvrer ni par la peur ni par le désir. »

*
**

Élis domicile parmi le genre humain.

Hariri

ABSENT

Ils mirent le maître soufi Halqavi au défi de dire, sitôt admis en présence du roi, quelque chose de désagréable, de se montrer irrespectueux envers le monarque au point que cela risque de lui en coûter la vie.

Halqavi accepta le défi sans hésitation.

Dès que les gardes eurent introduit le maître dans la salle du trône, le roi, personnage fort capricieux, lui lança :

« Puisque tu passes pour être si intelligent, je t'ordonne, car tel est mon bon plaisir, de dire quelque chose que personne ici présent ne pourrait dire. »

Sans paraître réfléchir une seconde, le soufi dit au roi :

« Je ne suis pas en ta présence. »

*
**

Dès le commencement…

Dès le commencement, de l'époque d'Adam à l'ère de la royauté :
De la part des puissants, le pardon ;
De la part des pauvres, les péchés.

Anwar-i-Suhaili

Trois maîtres soufis

Un sage soufi était assis au milieu de ses disciples lorsqu'un nouveau venu, habitué aux manières de la cour, entra et commença de faire l'éloge du maître. Les disciples l'écoutèrent avec attention.

Le visiteur continuait de dévider son chapelet de compliments, quand un second sage entra à son tour, écouta un moment, puis se mit à lancer des insultes au premier sage.

Le louangeur se retira, l'esprit troublé.

Le premier sage resta imperturbable jusqu'au départ du second sage.

Un troisième maître soufi s'était joint à l'assemblée peu après le second. Un des disciples fit un signe indiquant qu'il désirait poser une question.

« Le troisième maître y répondra », dit le premier sage.

Le disciple se tourna vers le troisième maître :

« Pourquoi le second maître a-t-il proféré des injures contre notre maître, puisqu'ils occupent l'un et l'autre le même rang éminent, et que notre maître ne mérite pas d'être ainsi maltraité ? »

Le troisième maître répondit :

« Un visiteur du monde était là, empuantissant l'air de ses faux compliments. Ceux-ci étaient si répugnants, à considérer leur effet, sinon leur apparence, qu'il fallait quelque chose d'aussi répugnant pour les chasser de l'air ambiant. »

*
**

S'il est bon, la mort sera pour lui délivrance.
S'il est méchant, elle sera délivrance pour autrui.

Anwar-i-Suhaili

LA CONNAISSANCE SECRÈTE

Le représentant (*khalifa*) d'un maître soufi recrutait pour les exercices tous ceux qu'il pouvait trouver.

Cette façon de procéder lui valait bien des critiques.

« Les soufis n'ont cessé de répéter que seuls ceux qui peuvent en tirer profit sont autorisés à faire les exercices. Cela n'est pas le soufisme ! » disaient ses censeurs.

Le khalifa leur répondait :

« Il est dit aussi : "C'est à la fin de la journée que le commerçant fait le compte des profits et pertes, pas au début." »

Il continua de recruter n'importe qui.

Tous les jours il interrogeait les élèves, et les incitait à s'interroger : étaient-ils sérieux, étaient-ils sincères ? Tous juraient qu'ils l'étaient. Pourtant le désaccord était flagrant entre leurs paroles et leurs actes.

Alors il décida de ne plus leur parler, et les prévint par ces mots :

« Je vous fais commettre un péché chaque fois que je

vous demande d'affirmer quelque chose et que vous mentez. »

Beaucoup partirent, écœurés. « Nous ne sommes pas des hypocrites », disaient-ils. Et pourtant ils l'étaient. Il critiqua ceux qui restaient, et ils furent plus nombreux encore à s'éclipser. Puis il simula la folie. Bon nombre des disciples restants l'abandonnèrent. Les plus charitables soupiraient :

« Le pauvre, il aurait été parfait s'il n'avait pas été fou ! »

Vint le jour où il n'eut plus que six élèves.

« Je suppose, dit l'un d'eux, que nous sommes les vainqueurs des épreuves, et que le maître maintenant va nous instruire en personne...

– Non, malheureusement, dit le khalifa : seuls quelques-uns parmi vous sont de vrais disciples. Les autres sont si obsédés par la quête de la connaissance secrète, sont en fait si avides, qu'ils feront n'importe quoi, supporteront n'importe quoi, plutôt que de partir. Avant que je présente à notre maître la sélection finale, je devrai les exclure, ou faire en sorte qu'ils s'excluent eux-mêmes. »

*
**

Branches

Les branches sèches peuvent sembler disgracieuses : c'est elles que le cuisinier choisit pour allumer le feu.

Anwar-i-Suhaili

Nutrition et vie

Ils ont fixé notre nutrition et arrêté notre durée de vie.

Plus que cela, et en avance sur cela, les efforts ne seront pas productifs.

Anwar-i-Suhaili

La bande

Un soufi dit un jour à ses disciples :

« Dorénavant, les objets que nous utilisons pour nos études, nous y mettrons le feu ; les principes dont tous considèrent qu'ils sont le noyau même de nos croyances, nous les dénoncerons ; la science derviche, nous la mettrons en œuvre en des lieux autres que les lieux habituels. »

Pensant que le maître voulait éprouver leur foi, beaucoup acquiescèrent. Certains même d'expliquer : « Paroles sublimes ! Le maître souhaite que nous apprenions à nous détacher du secondaire pour mieux nous concentrer sur l'essentiel. »

Quelques années plus tard, une insurrection éclata dans la ville où vivait cette communauté. Un ami vint les prévenir :

« Un décret a été pris par les insurgés, qui déclare nos activités illégales. On emprisonne les derviches, des bandes d'émeutiers, mais aussi des hommes d'armes, détruisent nos centres. Nous ne sommes pas en mesure de protéger nos biens.

– Ne craignez rien, dit le soufi à ses disciples, notre heure est venue. »

Quand les émeutiers à la solde du tyran qui avait pris le pouvoir arrivèrent quelques minutes plus tard, ils passèrent leur chemin, à la recherche de victimes. Qu'auraient-ils pu faire à la zawia du soufi ? Comme ils l'avaient constaté, le maître des lieux et les siens étaient très occupés à démolir les murs de l'édifice, et à jeter gaiement au feu tout ce qu'il contenait.

En se comportant comme une bande, la communauté sortit indemne de cette période troublée, et ses membres purent aller et venir en toute liberté.

De tous ceux qui étudiaient le soufisme dans ce pays, ce sont les seuls qui survécurent.

INVISIBLE

Quelqu'un demanda à un soufi de grand renom :

« Qu'est-ce que l'invisibilité ?

– Je répondrai quand l'occasion d'une démonstration se présentera », dit le soufi.

Peu de temps après, cet homme et celui qui avait posé la question furent interpellés par une bande de soldats à cheval.

« Nous avons ordre, déclara leur chef, de mettre tous les derviches en état d'arrestation. Le roi de ce pays l'a dit : ils ne veulent pas se plier à ses volontés, et profèrent des choses qui ne sont pas bonnes pour la tranquillité d'esprit du peuple.

– Eh bien, il faut les arrêter, dit le soufi. Vous devez faire votre devoir.

– Mais vous autres, n'êtes-vous pas des soufis ? demandèrent les soldats.

– Mettez-nous à l'épreuve », dit le maître.

Le chef sortit de sa poche un livre soufi.

« Qu'est-ce que c'est ? » interrogea-t-il.

Le soufi regarda la page de titre.

« Quelque chose que je vais brûler devant toi, puisque tu ne l'as pas déjà fait », dit-il.

Il mit le feu au livre, et les soldats tournèrent bride, satisfaits.

Le compagnon demanda au maître :

« Pour quelle raison as-tu fait ça ?

– Pour nous rendre invisibles, répondit le maître, car pour l'homme de ce monde la "visibilité" implique que tu ressembles à ce à quoi il s'attend que tu ressembles. Si tu as l'air de quelqu'un ou de quelque chose d'autre, ta vraie nature lui devient invisible. »

AHMED YASAVI

Quand Yasavi commença d'enseigner, il fut vite entouré de disciples en puissance et d'individus de toute espèce. Ils écoutaient ce qu'il avait à dire, mais exigeaient aussi, de plus en plus ouvertement, qu'il organise à leur intention un programme d'enseignement régulier.

Yasavi leur dit :

« Je veux que vous construisiez un édifice spécial, comme on en trouve dans tout le Turkestan, une *tekkia*, où vous pourrez faire les exercices. »

Ils furent ainsi plusieurs centaines, six mois durant, à travailler sous sa direction.

Quand l'édifice fut achevé, Yasavi leur dit :

« Que ceux qui veulent entrer dans la tekkia pour y être instruits se rangent à droite, là-bas, et que ceux qui ne veulent pas y entrer se tiennent là-bas, à gauche. »

Quand ils se furent disposés en deux groupes, Yasavi leur dit :

« Je renvoie tous ceux qui se tiennent à droite. Il n'y a

rien que je puisse faire pour eux. Qu'ils retournent d'où ils viennent.

« Les autres peuvent devenir mes élèves. Leur première tâche sera de démolir la tekkia. »

Ceux qui avaient été renvoyés se rebellèrent et allèrent raconter que Yasavi avait perdu la raison. Mais c'est du choix de ce fou de Dieu que l'Enseignement des Maîtres est né.

*
**

La pierre de touche sait reconnaître l'or.

Gulistan

La vapeur de la marmite d'Ikhtiari

Au moment de partir pour l'Inde, Sheikh Abu-Ali el-Ikhtiari alla voir les sheikhs soufis de Bagdad et leur dit :

« Si des gens viennent de loin à la recherche de la Voie, dites-leur que vous ne me connaissez pas. Accueillez-les comme on accueille les voyageurs, ou éconduisez-les, car je les aurai encouragés à venir dans un seul et unique but. »

Il se rendit en Inde où il donna des causeries sur la Voie de la Connaissance.

Quand on lui demandait d'où il venait, il faisait toujours la même réponse :

« De Bagdad, le centre de la sainteté. »

Par petits groupes, en caravanes, par toutes sortes de moyens, les Indiens commencèrent d'affluer à Bagdad.

À leurs questions les soufis répondaient invariablement :

« Nous ne connaissons pas Sheikh Ikhtiari », ou « Certes, nous en avons entendu parler. »

Jafar Zikariah était présent lorsque Abdulqadir Mustafa remarqua, après la visite d'une délégation indienne :

« Quel plaisir d'aider Sheikh Ikhtiari en étant "ignorant" de son existence ! »

Quelqu'un demanda :

« Nous connaissons tous Hazrat (la Présence) Ikhtiari. Comment pouvons-nous l'aider dans son travail en déclarant tout en ignorer ? »

Sheikh Mustafa répliqua :

« Ces gens ne sont que la "vapeur échappée de la marmite d'Ikhtiari". Ils ont délaissé le ragoût, et s'imaginent qu'ils gagneront quelque chose à aller ailleurs.

« Si nous disons que nous connaissons Ikhtiari, ils reviendront le harceler, ayant vérifié que l'on pense le plus grand bien de lui dans sa ville natale. Si nous "ne le connaissons pas", soit ils le laisseront tranquille, considérant qu'"il ne vaut rien", soit ils s'attacheront à quelqu'un d'autre qu'ils harcèleront à la place. Dans un cas comme dans l'autre, Ikhtiari reste libre. »

LE VOYAGE

Ikhtiari nous a laissé ce récit.

Je me trouvais dans le cercle de Sheikh Abbas Ansari lorsqu'un jeune homme entra.

« Je pars en voyage, dit-il au sheikh, je te serais reconnaissant de me donner des lettres de recommandation auprès des soufis de Perse. »

Le sheikh, après s'être enquis de son itinéraire, lui dit :

« Je regrette de ne pouvoir t'aider : je ne peux pas te donner de lettres de recommandation. »

Le visiteur s'en alla tristement. Dès qu'il fut sorti, Sheikh Abbas commença de dicter des lettres destinées à ceux de ses représentants en Perse qui se trouvaient sur l'itinéraire indiqué.

Je désirais lui demander la raison de ce comportement singulier, mais le cérémonial en usage pendant les réunions ne le permettait pas.

Alors que nous étions rassemblés un soir, après une

séance de contemplation, Sheikh Abbas nous fit ce commentaire :

« Si j'avais dit à ce jeune homme d'aller voir ceux de nos amis auxquels j'ai écrit et lui avais annoncé qu'il serait chaleureusement accueilli, il aurait été incapable d'apprendre, parce que j'aurais, ce faisant, enlevé de son esprit la détermination à lutter sans laquelle il lui eût été impossible de tirer profit de ses rencontres. J'aurais aussi attisé son attente, ce qui eût fait obstacle à sa compréhension. »

Je dis au sheikh :

« Mais ne va-t-il pas se croire indigne ? Peut-être même va-t-il renoncer à entreprendre le voyage ?

– S'il renonce, dit le sheikh, c'est signe qu'il est dépourvu en tout état de cause de la résolution nécessaire, et qu'il ne réussira dans aucune entreprise. »

J'insistai :

« Ne risque-t-il pas de penser que tu te désintéresses de son sort, puisque tu as refusé de l'aider ? »

Le sheikh répondit :

« S'il peut se retourner aussi facilement contre moi, c'est qu'il ne peut apprendre de toute façon. Le chien à qui on a refusé un os essaie de mordre qui le lui a refusé, sans être en mesure de se demander pourquoi.

– Il est donc peu souhaitable d'éprouver de la gratitude envers celui qui nous est venu en aide ?

– La gratitude envers un autre a ses limites. Trop compter sur l'aide d'autrui conduit à se mépriser soi-même et engendre à la fin l'opposition. C'est une des raisons pour lesquelles certains s'opposent à ceux qu'ils ont admirés autrefois : ils leur doivent trop. »

*
**

Séparations et rencontres

Les séparations valent mieux que les rencontres malheureuses.

Anwar-i-Suhaili

Ne porte pas en un jour le fardeau d'une année.

Proverbe

La patience est un vêtement qui ne s'est jamais usé.

Akhlaq-i-Mohsini

JE NE SAIS PAS

Quand on lui posait une question, Nazinda, derviche errant de Boukhara, répondait souvent : « Je ne sais pas. »

À Allahabad une discussion s'engagea entre ceux qui disaient qu'un maître ne devrait jamais avouer son ignorance, ceux qui pensaient que celui-là était, de son propre aveu, ignorant, et que cela ne valait donc pas la peine d'en parler, et ceux qui soutenaient divers autres points de vue.

Les arguments des uns et des autres furent soumis au pandit hindou Ram Lal, qui fit ce commentaire :

« Quand il dit "Je ne sais pas", il peut vouloir dire que personne ne sait. Il peut vouloir dire, aussi, que *vous* ne savez pas : à ce moment-là, il vous renvoie à vous-mêmes. Il peut vouloir dire qu'il n'a pas *besoin* de savoir, parce que la question, ou la réponse, est fallacieuse.

– Pourquoi ne s'exprime-t-il pas de façon plus explicite ? demanda quelqu'un.

– S'il le faisait, dit le pandit, il cesserait de provoquer la réflexion et la discussion. »

*
**

La moelle dans l'os, l'homme dans la chemise.

Saadi

Le pays des tortueux

La contrée connue de nos jours sous le nom de Cachemire ne s'est pas toujours nommée ainsi. La légende veut qu'autrefois on l'appelait Béluristan, le Pays de Cristal. Le maître spirituel de ce pays était un pandit dont le nom est aujourd'hui tombé dans l'oubli. De partout on venait le voir, participer à ses exercices, s'imprégner de sa sagesse.

Un descendant du Prophète, un *mir* – ainsi désigne-t-on les sayeds dans la région – se présenta un jour chez ce pandit. Il eut avec lui une ou deux conversations, puis se retira non loin de là, dans une haute vallée. « Il va essayer de me supplanter, dit le pandit, mais il y a peu de chances pour qu'il y réussisse : cela fait des siècles que notre sanctuaire est connu, en Orient comme en Occident. » Et il attendit de voir ce qu'allait faire le mir.

Or celui-ci, loin de fonder un sanctuaire concurrent, organisa une fête foraine. Il y avait des escarpolettes, un marché aux mariages, des diseurs de bonne aventure et toutes sortes d'amuseurs. Cette entreprise de distraction populaire séduisit très vite les disciples du pandit. Délaissant le *darshan** de leur maître, ils vinrent chaque soir de plus en plus nombreux prendre part aux festivités. Les fleurs devant l'autel du sanctuaire se fanaient et n'étaient pas toujours remplacées.

À la fin le pandit, qui n'avait plus qu'une poignée d'élèves, décida d'aller dire son fait au mir. Il gravit avec eux la colline jusqu'à la haute vallée.

« Tu m'as enlevé mes gens par tromperie ! l'apostropha-t-il. Si au moins tu leur avais inculqué de bonnes manières et de bons principes, quelle qu'en soit la couleur ! Au lieu de cela, tu as introduit dans notre pays une forme de licence et d'abandon imprudent des valeurs spirituelles, qui nous jette dans la consternation. »

Le mir répondit :

« Tu n'as su ni apporter un peu de distraction à ces gens ni les attacher à ta personne. Le fait même de les appeler "mes gens" ne parle pas en ta faveur.

« Si tu avais emprisonné leur esprit, ils m'auraient dénoncé comme un être malfaisant, proposant des activités néfastes. Mais tu ne l'as pas fait : là, au moins, tu as bien fait. Si tu avais, toutefois, fourni à "tes gens" autre chose que les divertissements que tu baptises "exercices", ils n'auraient pas aussi facilement accepté mon spectacle. Après tout, s'ils paient pour le mien, le tien est gratuit.

– Non, dit le pandit, c'est plutôt qu'ils sont faibles de caractère : en leur proposant tes activités, tu as joué sur leur faiblesse.

– S'ils sont faibles, répliqua le mir, et que tu ne puisses pas les fortifier, n'importe qui ou n'importe quoi "jouera sur cette faiblesse". Pourquoi, au lieu d'être une force pour les faibles, es-tu un jouet pour les crédules ? »

C'est à ce moment-là que le pandit, dont cette expé-

*Assemblée.

rience inhabituelle avait fait voler le calme en éclats, lança la malédiction « *Kash-Mir* ! » C'est ainsi que l'on prononçait localement les mots *Kaj-Mir*, Mir tordu, ou Guide tortueux.

« Si c'est tortueux, dit le mir, alors j'aimerais que ce pays soit connu à l'avenir – question d'honneur – non plus sous le nom de Béluristan, mais sous celui de Kashmir (Cachemire), le Pays des Tortueux : de ceux qui emploient "des voies détournées". »

*
**

Étudie les frelons auprès de ceux qui ont été piqués par eux.

Proverbe

Hazrat Bahaudin Naqshband

On rapporte ce qui suit concernant la Présence (Hazrat).

Bien qu'il ait été longtemps considéré – lui, Bahaudin Naqshband, le restaurateur de l'école originelle du soufisme – comme l'incarnation même, en public, du sérieux et de la politesse, il se comportait souvent comme un clown dans le cercle de ses intimes, dont certains étaient gens haut placés.

Il leur fit jurer le secret sur ce point pendant des décennies, et obtint de chacun d'eux une déclaration signée établissant qu'il était enclin à l'excentricité.

Maintes et maintes fois ils lui dirent :

« Hazrat, nous ne comprenons pas tes singularités. Mais nous n'en parlerons à personne. Pourquoi donc accumuler les preuves à ce sujet, des documents signés qui pourraient à tout moment être produits en public et te porter préjudice ? »

Il ne répondait jamais à ces questions.

Vers la fin de sa vie, le fardeau de disciples solennels et guindés – qui voulaient à tout prix l'enfermer dans leur interprétation de son rôle et de son importance – devenant trop lourd à porter, il commença de se conduire de manière peu conventionnelle.

Certains de ses élèves, parmi les plus déterminés et les plus superficiels, durent le quitter à sa demande.

« Hélas ! dirent-ils, le maître perd la raison ! Quand on pense qu'il a été pendant si longtemps un tel modèle de conduite, un tel exemple pour le monde... »

Alors Bahaudin exhiba les documents prouvant qu'il avait toujours été d'un naturel fantasque : les disciples s'étaient à cause de cela évertués à le faire coller à l'image qu'ils se faisaient d'un maître.

Il dit ceci dans ses *Risalat* (Lettres) :

« Il est de la plus extrême importance que le soufi puisse faire l'idiot et être néanmoins un soufi. Dans un monde où les pédants monopolisent le rôle du savant, il faut qu'il y ait des hommes sur terre parmi lesquels le *vrai* savoir subsiste. Il y a un risque, notez-le. L'opposition aux soufis n'est pas dangereuse pour eux, parce qu'il y aura toujours des gens pour penser que cette opposition est provoquée par la jalousie, et qui continueront par conséquent de tenter de suivre la Voie. Mais dès que les érudits et autres savants auront réussi à persuader le plus grand nombre que les soufis ne représentent rien de réellement important, ne valent rien, on n'écoutera plus les soufis, parce que si l'homme a un point faible, ce n'est pas de vouloir passer pour quelqu'un qui s'intéresse à ce qui est sans valeur.

« Maintenez ouvert le chemin qui semble conduire à des choses de peu d'importance, aux yeux du pédant et du fanatique. »

*
**

Le ciel

Pour le maillet de l'Intelligence suprême
Le firmament est la plus petite balle possible.

Akhlaq-i-Mohsini

L'oiseau et l'eau

L'oiseau qui ne connaît pas l'eau douce
Trempe à longueur d'année son bec dans l'eau salée.

Anwar-i-Suhaili

Anwar

J'étais avec Anwar Afifi, écrit Iftikhari, quand on annonça un visiteur.

Cet homme demanda si le maître pouvait assurer le succès de sa première entreprise commerciale.

Afifi me dit :

« Parle-lui de l'expérience que tu as faite. »

Je me tournai vers le visiteur.

« La première fois que je suis venu ici, racontai-je, j'ai demandé à Hazrat Anwar Afifi qu'il fasse que mes enfants se montrent obéissants envers moi et ne contrecarrent pas mes désirs. Quand j'arrivai chez moi, je constatai que tous mes enfants se conduisaient de façon exemplaire. Je leur fis faire les études qui les préparaient aux professions que j'avais choisies pour eux. À toutes mes propositions ils donnaient leur accord.

« Ils embrassèrent les carrières auxquelles je les avais destinés. Six ans après, ils étaient tous soit pauvres, soit déshonorés, soit morts.

« Quelques années s'écoulèrent encore pendant lesquelles j'essayai de mettre mes affaires en ordre, puis je revins ici. Maintenant je suis dans la caravane d'Anwar Afifi. Je ne lui demande plus qu'une chose : "Donne-moi ce dont j'ai besoin, permets-moi de faire ce que je peux faire." »

Le visiteur s'exclama :

« À quoi riment ces propos ridicules ? Je suis venu chercher de l'aide, et je reçois une invitation à me joindre à un groupe de mendiants ! »

Anwar lui dit :

« Nous ne pouvons, hélas, te faire cette invitation, si accueillants souhaitions-nous être. Tu es venu chercher de l'aide. Tout ce que nous pouvons te donner, c'est de l'information. Le genre d'aide que tu veux est au-dessus de nos capacités : notre provision est maigre. Le mendiant ne peut donner que ce qui lui a été accordé par autrui. »

QUALITÉS

Khidr est le guide caché des soufis qui erre de par le monde sous de multiples déguisements, s'efforçant d'aider les hommes.

Un jour, Khidr rencontra un homme pieux et lui dit :

« Que puis-je faire pour toi ?

– Ne fais rien pour moi, dit le dévot. Mais si tu rencontres mes disciples au cours de tes voyages, aide-les. »

Khidr lui demanda :

« Comment les reconnaîtrai-je ?

– À leur nom, dit l'homme pieux, je vais te donner leur nom...

– Nous autres, habitants du monde invisible, dit Khidr, nous ne reconnaissons pas les gens à leur nom, mais à leurs qualités.

– Ça n'est pas un problème, dit l'homme pieux : je peux énoncer les qualités de mes trois disciples. Le premier est charitable, le second est sobre, le troisième est maître de lui. »

Khidr promit par ces mots :

« En tant que membre du gouvernement invisible, c'est de toute façon ma tâche de venir en aide à ces gens-là. »

Peu après, Khidr rencontra un homme sans ressources et le vit donner son dernier sou à une femme méritante. Khidr passa son chemin sans l'aider. Puis il s'arrêta un instant écouter un homme prêcher l'abstinence et prier Dieu de l'aider dans ses travaux. Khidr ne fit rien pour lui. Enfin, il vit un homme bondir de joie à la pensée d'être vivant alors même qu'il était affligé d'une terrible infirmité. Khidr ne vint pas vers lui.

Il parcourut la terre. Ce voyage achevé, il retrouva l'homme pieux, qui lui dit :

« Ton chemin a-t-il croisé celui de mes disciples, et les as-tu aidés ?

– Il m'a fallu aider, répondit Khidr, parmi tous ceux que j'ai rencontrés, ceux qui méritaient de l'être. Mais je n'ai remarqué personne qui corresponde à ta description.

– Veux-tu me décrire ceux que tu n'as pas pu aider ? » demanda le dévot.

Khidr lui parla des trois hommes.

« Mais ce sont mes trois disciples ! s'exclama le dévot.

– Si c'est là ce que tu leur as enseigné, dit Khidr, peut-être es-tu pieux, mais tu fais assurément fausse route.

« Le premier des trois a donné son dernier sou, et cela lui a fait plaisir de le donner : il a été aussitôt payé de retour. Il n'est pas charitable. Le second était abstinent, mais seulement en certains domaines : il était avide de convertir autrui et d'obtenir la faveur divine, et ne s'abstenait pas de cette avidité. Quant au troisième, il est peut-être maître de ceci ou de cela, mais il n'est certainement pas maître de lui. »

*
**

Les gens

Les gens : la famille de Dieu.

Mohammed le Prophète

Anwar Abbasi

Anwar Abbasi était renommé pour sa poésie et la manière dont il jouait du sitar. On venait chez lui presque tous les soirs l'écouter. Quelques-uns restaient après les auditions pour l'entendre parler de philosophie orientale (*hikmat i-mashriqiyya*).

Ceux qui venaient le voir le tenaient pour le type même de l'homme cultivé et donnaient en modèle sa courtoisie jamais en défaut.

Mais lorsqu'il était invité quelque part, il adoptait un mode de comportement tout à fait différent. Il arrivait en retard, provoquait les hôtes de marque, coupait la parole à quiconque tenait des discours savants, attaquait chaque fois les opinions d'une des personnes présentes.

Un jour il annonça que sa mission d'enseignement était terminée, et qu'il n'aurait dorénavant aucun contact avec ceux qui désiraient apprendre. Il quitta le pays. On ne l'y revit jamais plus.

Ce comportement en plongea plus d'un dans la perplexité, et ceux-là allèrent trouver Firoz Andaki, connu depuis longtemps comme son principal adversaire, et ils lui demandèrent de les éclairer.

Firoz leur dit :

« Vous voulez que je critique Abbasi. Mais je vous l'avoue, c'est seulement maintenant que j'entrevois combien cet homme était noble. Je le considère comme mon maître, et je voudrais vous dire quelques mots de la grandeur de son enseignement par l'exemple et la démonstration, qui dépassait de beaucoup notre niveau général de compréhension.

« Abbasi se souciait si peu de sa réputation qu'il la jetait en pâture aux flammes de son enseignement. Quand il entamait une discussion, neuf participants sur dix jugeaient ses arguments grossiers, mais le dixième disait : "Il nous démontre par là l'absurdité de tout débat."

« Plutôt que d'établir sa réputation parmi les hommes et de s'attirer leur respect, il préféra établir l'enseignement véritable à l'intention de ceux qui pourraient le recevoir. »

***

Homme vorace, pauvre homme, où qu'il coure,
Il cherche de la nourriture, et la mort le cherche.

Saadi

Même si tu parviens à l'avaler, l'os te déchirera le ventre.

Gulistan

Le savoir sans l'action, c'est la cire sans le miel.

Anwar-i-Suhaili

PROTECTION

On rapporte que quelqu'un dit à Sahl :

« Beaucoup te combattent et te contredisent qui sont très estimables. Parce que, dit-on, jamais tu ne transiges avec eux. Certains pensent que cela entrave la compréhension de la voie soufie. Puis-je te demander un éclaircissement ? »

Sahl répondit :

« Les Gens du Chemin n'ont pas d'autre moyen de protéger la Voie et les disciples contre les penseurs aux vues étroites et les éléments destructeurs que de se rendre "inacceptables" à leurs yeux. L'animal sauvage te laissera tranquille s'il éprouve pour toi de la répulsion. Aussi dois-tu lui inspirer de l'aversion si tu ne peux t'en protéger autrement. Celui qui me dit : "Tu as essayé de t'expliquer, mais tu n'y es pas parvenu", devrait en fait me dire : "À mon insu, tu m'as obligé à te fuir pour défendre ta tranquillité." »

*
**

L'or faux peut rendre heureux son détenteur,
Mais il sera identifié à l'Hôtel de la Monnaie.

Rumi

L'ARISTOCRATE

Imam Yusuf de Samarcande nous a laissé ce récit.

J'étudiais les documents où sont consignés les miracles et les hauts faits des membres du clan hachémite. Il m'apparut que l'abondance en son sein de grands spirituels ne pouvait être un caprice du hasard ou une pure invention.

Enfin je décidai d'aller voir Sayed Nuri Shah-i-Husseini, qui habitait un magnifique palais et vivait dans le luxe, et je parvins à l'approcher.

Il m'admit en sa compagnie, mais chaque fois que j'orientais la conversation sur la question de son héritage – héritage qui faisait de lui un gardien de la connaissance du gouvernement intérieur –, il parlait d'autre chose.

À la fin je lui dis :

« Seigneur des princes ! Ta réputation et l'attraction que tu exerces sont fondées sur le fait bien connu de ton appartenance à la famille élue. Pourquoi ne veux-tu donc jamais discuter de ce point ?

– Mes traces t'ont conduit jusqu'à moi, répondit le sayed. Faut-il encore discuter de ces "empreintes sur la neige ou le sable", ou es-tu venu ici pour apprendre ? »

J'étais stupéfait. Je vis tout de suite qu'il avait raison, et combien les idées répandues sur cette science étaient superficielles. Je m'enhardis jusqu'à lui poser l'autre question qui m'intriguait :

« Comment un maître spirituel peut-il vivre dans un tel luxe ? C'est contraire à la tradition !

– M'as-tu jamais vu profiter de quelque façon que ce soit du milieu où je vis ? interrogea-t-il.

– Non, dis-je.

– Dans ce cas, me dit-il, je peux te révéler (mais cela devra être tenu secret jusqu'à ma mort) qu'il y a deux façons de se dissimuler : se cacher, ou vivre dans une ambiance dont l'incongruité fait fonction de système protecteur. »

*
**

Prêter nuit à l'amitié.

L'homme peut se trancher la gorge avec sa langue.

À quoi bon la cage sans l'oiseau ?

Saadi

Malchanceux

Tu ne peux t'estimer malchanceux que si tu choisis le métier de fabricant de cercueils, et que les gens cessent de mourir.

Proverbe

PEINE ET PLAISIR

Étant venus voir un maître derviche, ils lui dirent :

« Tu te rends ridicule aux yeux des étrangers : cela réjouit tes adversaires et attriste tes amis, et les premiers peuvent te dénigrer à leur aise. »

Le derviche répondit :

« Amis nés pour atteindre à la félicité ! Vous avez vu la moitié, et pensez avoir vu le tout ; et c'est la dernière fois que je m'explique. Je fais l'idiot avec ceux que je veux décourager. Si mes amis étaient de vrais amis, ils auraient cherché et trouvé l'explication, au lieu de s'affliger. En faisant plaisir à mes adversaires, je leur donne la possibilité de se rendre compte que leur "plaisir" est déplacé et fondé sur un jugement superficiel. »

*
**

L'âme est le miroir, le corps est la rouille.

Divan-i-Shamsi Tabriz

Aucun effort ne transformera un corbeau noir en faucon blanc.

Anwar-i-Suhaili

LE MAGICIEN

Il était une fois un homme qui avait parcouru la terre et étudié en tous lieux où se transmet le vrai savoir.

Du fait de sa discrétion, les avis furent longtemps partagés à son égard : les uns le tenaient pour un homme pieux et estimable, les autres pour une sorte de magicien, d'alchimiste, voire d'astrologue, praticien des sciences occultes.

Sa maison était à cause de cela assiégée par deux sortes d'individus : ceux qui voulaient être dans ses bonnes grâces, s'il s'avérait être un saint homme, et ceux qui souhaitaient s'assurer son concours pour parvenir à leurs fins, au cas où il se révélerait être expert en pratiques secrètes.

Cet homme, connu sous le nom d'Abdulwahid, fils d'Aswad, finit par acquérir une réputation de sorcier et de nécromancien. Ceux qui se croyaient sincères et exemplaires fuyaient désormais sa présence. Ceux qui recherchaient l'aide d'un sorcier le harcelaient.

Quand, toutefois, les magiciens en puissance et les

acheteurs d'amulettes et de talismans parvenaient à l'aborder, il avait vite fait de ruiner leurs espoirs : il leur avouait tout bonnement qu'il n'y entendait rien, mais aimait se faire passer pour magicien. Ainsi pouvait-il s'en débarrasser rapidement et définitivement.

On l'avait soupçonné de se livrer à la magie. On l'accusa maintenant de charlatanisme, même dans l'exercice de cette profession douteuse.

Cet homme était en réalité un soufi. Il décourageait ceux qui croyaient passionnément à leur propre sincérité. Ceux-là ne sont, presque toujours, que superficiellement sincères. Ils vivent dans l'illusion. Parce qu'ils s'aveuglent, nourrissent des préjugés en leur faveur, il est difficile de les aider. Leur conviction est plus forte que leur sincérité.

L'influence bienfaisante d'Abdulwahid Ibn Aswad continue de se faire sentir, son travail continue de porter des fruits. Mais à cause des méthodes auxquelles il eut recours pour se cacher et se protéger, rares sont les soufis qui peuvent aujourd'hui mentionner la dette dont tout homme sur terre lui est redevable.

*
**

Le nuage de fumée a fait craindre l'incendie et provoqué la frayeur, mais il n'y a pas eu d'incendie.

Proverbe

L'occasion est précieuse, et le temps est une épée.

Saadi

Attacher un homme libre par l'amour vaut mieux que libérer mille esclaves.

Omar Khayyam

Grammaire

Un savant, par ailleurs grammairien éminent, vint voir un maître soufi.

Il fut surpris de constater que le soufi ne donnait pas de cours, ne persuadait pas, ne justifiait pas son action par un système de preuves.

Il lui dit, dès qu'il en eut l'occasion :

« Tu sais maîtriser, bien sûr, les rudiments autant que les aspects les plus abstrus de ta tradition. Pourquoi alors n'enseignes-tu pas de façon cohérente ? Nous, savants, prenons en compte l'ignorance des débutants, et les conduisons par degrés des notions élémentaires aux connaissances supérieures.

– Je peux t'éclairer sur ce point, dit le soufi. À condition que tu donnes une série de cours, et que tu ne poses aucune question. »

Le soufi avait acquis une telle réputation qu'on le croyait capable d'accomplir des miracles. Le savant était si avide de savoir qu'il accepta.

« Tu es un grammairien, dit le soufi. Eh bien, chaque jour tu rassembleras les chiens et les chats du quartier, et tu leur feras un cours sur les tout premiers principes et les éléments les plus simples de la grammaire. »

Pensant que le soufi voulait le mettre à l'épreuve, ou que cela aboutirait à un miracle, le savant obéit.

Plusieurs mois après cet entretien, le soufi le fit venir.

« Les chats et les chiens ont-ils commencé à apprendre la grammaire ? s'enquit-il.

– Non, dit le grammairien, pas un seul.

– Qu'est-ce qui te fait supposer que tel est le cas ?

– Le fait qu'ils ne peuvent ni parler ni comprendre mon langage. Il leur faudrait d'abord apprendre cela, si c'est possible.

– C'est la réponse à la question que tu m'as posée la première fois », dit le maître soufi.

*
**

Le vieux fou est pire que le jeune fou :
Le jeune, lui, peut toujours s'assagir.

Zohair

Coïncidence

Le sage a dit :

« Le destin se poursuit. Mais ne renonce en aucun cas à tes intentions.

« Car si tes plans s'accordent avec la Volonté suprême, tu connaîtras dans ton cœur la plénitude du contentement. »

Anwar-i-Suhaili

MÉCONTENT

Un soufi croisa un moine qui sortait, l'air visiblement mécontent, de la salle d'audience de Maulana Bahaudin Naqshband.

« Fuis cet homme, dit le moine, il ne s'occupe que de futilités. Je suis venu de Chine m'abreuver à la coupe de sa sagesse, et il m'offre un conte pour enfants ! »

Quand le soufi se trouva en présence du maître, celui-ci lui dit, comme s'il avait lu dans sa pensée :

« Il existe mille ouvrages classiques, qui illustrent à eux tous une douzaine de vérités. Il existe une douzaine de contes qui renferment toutes ces vérités. S'il n'y avait pas une telle demande pour l'apparence et la quantité – peu demandent l'utile –, la première lettre du premier mot d'une seule histoire pour enfants suffirait à instruire l'homme.

« C'est parce que l'élève est de si médiocre qualité que le maître doit répéter, développer, écrire d'épais volumes. L'élève, sans cela, ne verrait rien. »

*
**

Une tête qui a perdu tout bon sens, autant l'appeler une queue.

Rumi

CONVICTION

Talal Nazaf fut reçu à la cour de Cordoue avec tous les honneurs. On l'y connaissait de réputation depuis des années. Courtisans et émirs rivalisèrent de louange à son endroit.

Un savant toutefois lui posa une question :

« J'ai lu tes livres, et me demande pourquoi une si grande part de ce que tu as écrit vise les esprits stupides, et pourquoi si peu s'adresse aux sages.

– La plus grande part vise ceux de ton espèce », dit Talal.

Le soir il fut invité à dîner chez le grand cadi, qui remarqua avec finesse :

« Une certaine robustesse de langage ici, à Cordoue, pourrait inciter ceux qui sont bien disposés envers un nouveau venu, mais dont la susceptibilité doit néanmoins être ménagée, à changer d'attitude à son égard. »

Le soufi répondit :

« Ceux qui ont observé comment cette susceptibilité,

sollicitée par la franchise, engendre l'hostilité, ont appris qu'un changement de cette sorte n'est qu'un changement d'opinion.

« Je suis ici pour démontrer qu'un changement d'opinion n'est pas, en soi, un changement de compréhension. L'opinion est bâtie sur le sable. La connaissance est bâtie sur le roc. Celui qui est convaincu que je suis "bon" peut être aussi stupide que celui qui est convaincu que je suis "mauvais" : ce n'est qu'une conviction.

« La conviction, bien loin de se fonder sur la raison, est l'ennemie de la raison. La rationalité ne change pas. Les convictions varient tout le temps. »

NOURGIR, L'HOMME QUI CAPTAIT LA LUMIÈRE

Il était une fois un derviche qui s'appelait Nourgir, « celui qui capte la lumière », parce qu'il avait un pot d'argile qui recueillait la lumière du jour, même la lueur d'une bougie, et la dispensait quand il le voulait.

« Nous ne nions pas le fait, lui dit un savant, que ton pot de terre-piège à lumière possède des caractéristiques remarquables. Non, ce que nous mettons en doute, c'est le pouvoir que l'on te prête de sonder le cœur des hommes.

« S'il est vrai que tu peux percevoir le caractère et les aptitudes des gens, comment se fait-il alors que quelqu'un t'ait vendu tout à l'heure un melon qui s'est révélé insipide ?

– Veux-tu venir avec moi ? dit Nourgir : nous allons faire une expérience. »

Le savant refusa, et fit courir le bruit que Nourgir n'était qu'un charlatan.

Cela faisait des mois déjà que le savant diffamait le

derviche, quand ils se retrouvèrent tous les deux à la cour du roi qui régnait en ce temps-là.

Le roi montra de l'intérêt pour la dispute.

« Il m'est venu aux oreilles, dit-il, que ce savant a défié ce derviche, mais qu'il ne veut pas le laisser faire la démonstration de ses capacités. Pareille attitude menace l'ordre des choses et trouble la tranquillité publique. Le savant sera condamné pour comportement de chacal – condamnation par moi-même prononcée –, à moins qu'il veuille bien cesser de discourir sur les faits, et consente à s'exposer aux réalités. Je ne peux croire qu'il se révèle finalement un esclave des mots, ainsi qu'on pourrait être amené à le conclure s'il devait s'appuyer sur une opinion mal informée pour apporter ses preuves, épancher son fiel et recourir à la calomnie, ou faire l'une ou l'autre de ces choses qui sont la marque du prétendu savant, par opposition au vrai savant.

– Tes désirs sont pour nous des ordres », dirent le derviche et le savant.

Le derviche emmena le savant au sommet d'une montagne et le força à rester avec lui trois jours et trois nuits, pendant lesquels il l'entretint de la science traditionnelle des derviches. Puis il le fit redescendre jusque dans un défilé encaissé entre deux parois rocheuses. Venant à leur rencontre, une multitude, conduite par le roi, progressait avec peine sur l'étroit sentier, les uns à cheval, les autres à dos d'âne ou de mulet, d'autres à pied. Quand ils furent à portée de voix, le derviche leur dit :

« Regardez, je vais mettre la main sur l'épaule de ce savant, et lui conférer un peu de mon pouvoir de perception. Quand chacun de vous abordera le détour du sentier, le savant aura aussitôt conscience de ses pensées intimes. Il aura du même coup la réponse à sa question, celle de savoir pourquoi les derviches n'usent pas de leurs pouvoirs tout le temps. »

À mesure que, l'un après l'autre, les gens dépassaient l'endroit désigné, le visage du savant blêmissait, tandis qu'il criait : "Cet individu est répugnant. Pouah !" ou "Ne fais pas ce que tu projettes de faire, ô homme : si tu fais cela, tu cours à ta perte ! " À la vue d'un autre, il dit : "Celui-là, qui semble mauvais, grâce à lui, beaucoup seront sauvés !"

Ses paroles étaient si confuses que tous pensèrent qu'il était devenu fou. Son visage s'était creusé, sa barbe noire avait blanchi : on eût dit un vieillard.

Après avoir parlé ainsi pendant près d'une heure, le savant se dégagea d'un mouvement violent de la main du derviche et se jeta aux pieds du roi.

« Majesté, implora-t-il, je ne supporterai pas cette connaissance une seconde de plus. J'ai vu des gens qui avaient l'air de saints, et j'ai perçu que c'étaient des poseurs. Pire : j'ai vu des hommes qui pensaient être des hommes de bien, et le "mal" en eux consistait à croire que le chemin qu'ils suivaient était le bon. J'ai vu et ressenti des choses qu'aucun homme sur terre n'est censé éprouver.

– Cette expérience t'a-t-elle permis d'acquérir de la sagesse ? demanda le roi.

– Je comprends maintenant, dit le savant : si quelqu'un devait rester sensible tout le temps à l'état réel des humains, il deviendrait fou.

– Tu sais désormais, dit Nourgir, que la science traditionnelle des derviches inclut la capacité de savoir quand être éveillé et quand rester endormi. »

*
**

Demain

Honte à vous, pareils à des tout petits, la veille d'une fête !
Combien de temps encore serez-vous « quelqu'un qui attend demain » ?

Proverbe

Stupéfiante

Ce monde a la beauté d'une jeune mariée. Mais prends garde :
Elle stupéfie, cette mariée-là. Qui pourrait l'épouser ?

Anwar-i-Suhaili

INTERPRÉTATION

Un derviche passait six jours par semaine à méditer. Le septième, il se rendait dans la ville la plus proche de sa zawia. Là, il allait d'échoppe en échoppe, buvait le thé avec les gens, tenait des conversations impromptues.

C'est à cette occasion qu'un étranger le vit déguster des gâteaux au miel en compagnie d'un lettré. L'étranger, dont la connaissance du soufisme se limitait aux conceptions populaires exaltant la piété des derviches, s'écria bien haut sur la place du marché :

« Quelle honte ! Un derviche, frayer avec ce pédant ! Quand un homme a tout loisir de pousser sa réflexion intérieure, et qu'il court quand même après des choses puériles, sûr qu'il est loin de la réalisation ! »

Parmi ceux qui l'avaient entendu, il s'en trouvait quelques-uns qui étaient mieux informés quant à la réputation du maître, mais non quant à sa façon d'agir.

« C'est un homme de connaissance, dirent-ils. Sans doute qu'il partage sa sagesse avec les gens ordinaires. Et puis les soufis n'ont-ils pas toujours proclamé que les érudits ont grand besoin de s'entretenir avec des hommes de réelle expérience ! »

Cette idée remplit le censeur de honte. Il pensa avoir appris quelque chose grâce à ce reproche, qui n'était en fait qu'une remarque superficielle fondée sur des généralités.

Cette nuit-là, un être surnaturel lui apparut.

« Puisque tu as montré un vrai regret, tu peux avoir une interprétation vraie de l'affaire qui t'a rendu perplexe, dit l'être subtil. Sache que les derviches agissent sur les autres d'une manière souvent insoupçonnée des bénéficiaires, et inconcevable pour les observateurs. L'effet intérieur produit par le derviche sur le lettré – qui tient au fait que celui-ci est en sa compagnie – est mille fois plus fort si le derviche ne discute pas avec lui. L'effet est puissant même si le derviche n'aborde aucun sujet dit important.

« Le derviche éclairé qui garde le silence, ou parle de la pluie et du beau temps, a un effet bien plus puissant sur le monde que l'intellectuel lancé dans des spéculations ou le sentimental persuadé d'éprouver des sentiments profonds. »

*
**

Pure folie

Les Sages ont dit que cinq choses sont la marque de la bêtise :

Agir dans son intérêt tout en nuisant à autrui.

Espérer la récolte des derniers jours alors que l'on ne pratique ni la discipline ni le service.

Aimer les femmes rudement et impétueusement.

Vouloir apprendre les subtilités de la science dans le confort et la tranquillité.

Exiger l'amitié sans être soi-même sérieux et digne de confiance.

Anwar-i-Suhaili

YUSUF, FILS DE HAYULA

Des soldats, accompagnés d'un juriste, se présentèrent un soir chez Yusuf.

« Les œuvres d'Ibn el-Arabi, dirent-ils, ont été aujourd'hui livrées aux flammes dans toute l'Andalousie. Tu es réputé étudier la sagesse orientale (le soufisme). Il nous faut te traduire en justice.

– De quel droit ? s'enquit Yusuf.

– Notre droit, c'est celui du faquih Ibrahim, le savant-juriste qui est là, devant toi.

– La culpabilité par association n'est reconnue ni par la justice de Dieu ni par celle des hommes, dit Yusuf à Ibrahim. J'étudie la "sagesse orientale", certes, mais tu ne peux pas dire que je la pratique.

– Tu as écrit trois traités sur le sujet, dit Ibrahim, et tes œuvres sont étudiées par des jeunes gens, indifférents à cause de cela à des sources plus autorisées.

– La loi permet à quiconque d'étudier et de citer, elle

ne stipule pas qu'un étudiant est un praticien par définition, dit Yusuf.

– Nies-tu que tu pratiques le soufisme ? insista Ibrahim.

– Si tu me fais passer en jugement, je nie que tu puisses échapper au ridicule. Quand Aristote a écrit sur les minéraux, ses concitoyens ne l'ont pas accusé d'être un minéral. Si aujourd'hui nous en sommes là, alors il est temps de revenir à la situation antérieure.

– Ils ne pouvaient pas interroger les minéraux, reprit Ibrahim.

– Ils ne connaissaient pas la méthode.

– Tu es fou !

– Si je suis fou, je suis sous la protection de la loi : il est interdit de persécuter ceux qui ont perdu la raison. Les fous sont sous la protection de Dieu, car ils n'ont pas d'autre protecteur naturel, et l'État doit protéger ceux qui sont sous la protection de Dieu. »

*
**

Tâches

Pourquoi laisses-tu les autres faire ce qui devrait être ta tâche ?

Et pourquoi, étant si paresseux, déprécies-tu leur travail ?

Anwar-i-Suhaili

Impressions

Le temps a apporté mille impressions.
Je n'en avais vu aucune dans le miroir de l'imagination.
Anwar-i-Suhaili

En Chine

On raconte qu'un soufi, en voyage en Chine, reçut la visite d'un groupe de prêtres traditionalistes, qui lui dirent :

« Dans notre pays, depuis des milliers d'années il existe des sages qui interprètent les dits des grands hommes. Comment quelqu'un pourrait-il donc venir à nous de l'extérieur et parler ou agir d'une manière que notre philosophie n'aurait pas prévue ? »

Le soufi répondit :

« Quand on veut rendre un sol fertile, on peut devoir abattre les arbres. Cette entreprise est conçue et menée à bonne fin par des maîtres de sagesse. Après leur mort, il peut être nécessaire d'ouvrir et de retourner la terre et d'y ajouter des substances qui contribueront à assurer une croissance nouvelle. Ces travaux sont exécutés par des gens dignes de respect et d'admiration. Quand vient le moment d'introduire une nouvelle espèce végétale, ceux qui l'apportent sont aussi importants que ceux qui les ont successivement précédés, même si, pour un observateur extérieur, ils peuvent sembler se tenir en dehors de la succession des travaux de labourage et de hersage.

« Avant qu'on en arrive au stade où l'on pourra manger la nouvelle plante potagère, il s'en trouvera assurément beaucoup pour dire : “Cela n'est pas une action prévue par notre agriculture.” »

*
**

Quand on ne se rappelle plus bien son nom, à ce moment-là on peut dire qu'il est vraiment mort.

Anwar-i-Suhaili

LA VOLONTÉ D'IRRITER

Le maître soufi Ajnabi dit à son disciple Amini :

« Écris à Mulla Firoz : préviens-le que je n'ai pas le temps d'entretenir une correspondance avec lui, et que je n'ai donc rien à répondre à sa lettre.

– Est-ce pour l'irriter ? demanda le disciple.

– Certaines choses que j'ai dites dans mes livres l'ont irrité. L'irritation l'a poussé à m'écrire. La raison pour laquelle j'ai écrit le passage qui l'a mis en colère était de mettre en colère les gens de son espèce.

– Et cette lettre, va-t-elle le mettre encore plus en colère ?

– Oui. Quand il était furieux de ce que j'ai écrit, il n'observait pas sa colère. Or mon intention était qu'il l'observe. Il croyait m'observer, alors qu'il ne faisait qu'éprouver de la colère. J'écris donc encore une fois, pour provoquer la colère, afin qu'il voie qu'il est en colère. L'objectif, c'est que l'homme prenne conscience que mon œuvre est un miroir où se voir. »

Amini remarqua :

« Ceux du monde ordinaire regardent habituellement ceux qui suscitent la colère comme malintentionnés.

– Un enfant peut regarder l'adulte qui essaye de lui enlever une épine de la main comme malintentionné. Est-ce une raison pour lui enlever toutes chances d'atteindre jamais l'âge adulte ?

– Et si l'enfant, insista Amini, garde rancune à l'adulte qui retire l'épine ?

– L'enfant, dit Ajnabi, ne garde pas vraiment rancune, parce que quelque chose en lui connaît la vérité.

– Mais qu'arrive-t-il s'il n'apprend jamais à se connaître et continue néanmoins d'imaginer que les autres sont mus par des sentiments personnels ?

– S'il n'apprend jamais à se connaître, peu importe ce qu'il pense des autres, parce qu'il est alors incapable de les apprécier à leur juste valeur.

– Au lieu de provoquer la colère une seconde fois, demanda Amini, ne pourrait-on expliquer que le texte initial a été écrit à cette fin, et inviter le mulla à réviser son premier jugement ?

– On pourrait, dit Ajnabi, mais cela resterait sans effet. Cela aurait plutôt l'effet contraire. Donne tes raisons, et l'autre imagine que tu t'excuses, et cela éveille en lui des sentiments qui ne font du tort qu'à lui-même. En t'expliquant, tu agis en fait à son détriment. »

*
**

La mesure de ses moyens est celle de sa largeur de vues.

Proverbe

DISSUASION

Un visiteur demanda à Ajnabi :

« Pourquoi dissuades-tu les gens de venir te voir ?

– Parce que je ne peux pas les dissuader de voir les autres », dit Ajnabi.

Le visiteur s'étonna :

« Je ne peux sonder ce mystère. Quel est le sens de cette remarque ? »

Ajnabi lui dit :

« "Aller voir un maître" est en soi une condition, un état qui est généralement séparé de la raison pour laquelle on rend visite à un sage. Si quelqu'un va voir un maître en partie parce qu'il a besoin d'aller voir quelqu'un, ce besoin d'"aller voir" fera obstacle à sa compréhension. C'est pourquoi il vaut mieux aller festoyer et se divertir avant de rencontrer son maître.

– À quoi reconnaît-on que l'objet de la visite était aussi superficiel : le visiteur voulait simplement voir quelqu'un ? demanda le visiteur.

– On sait toujours, au moment où il part, si l'individu a atteint son objectif. Il communique la même impression qu'un homme de retour du marché : qu'il ait acheté ou non quelque chose, il est allé au marché. »

Bahaudin

Un tyran qui se prenait pour un savant écrivit à Bahaudin :

« Je suis offensé par ce que tu as écrit, que, par ailleurs, je ne considère pas comme étant historiquement ou littéralement exact. »

Bahaudin répondit :

« Pour ménager ta susceptibilite, j'ai écrit moins du quart de ce que j'aurais pu écrire sur ce sujet. Demande-toi plutôt si tu n'es pas en réalité gagnant, car j'ai fait bien moins que ce que j'aurais pu faire. Mais sache aussi que lorsque le moment sera venu où les intérêts de mes disciples l'exigeront, j'écrirai le reste, les trois quarts qui restent de l'affaire qui t'offense, car la mesure dans laquelle un homme peut priver autrui de vérité par bonté d'âme envers un opiniâtre, fût-il roi, prêtre ou savant, a ses limites. »

*
**

Au perroquet, du sucre ; aux chacals, des charognes.
Proverbe

LECTURE

Un soufi vint à la cour. Les savants qui entouraient le trône dirent au roi : « Majesté, cet homme ne doit pas être autorisé à parler avant de nous avoir convaincus qu'il connaît par le menu les classiques et les travaux exégétiques. Il pourrait sinon nourrir des pensées nuisibles pour le royaume. »

Le soufi fut incapable de rien réciter. Il avait par ailleurs une façon de parler tout à fait étrangère aux savants. Ceux-ci le traitèrent de charlatan et le firent chasser.

Six mois plus tard, le soufi parut de nouveau à la cour et se présenta devant le maître des cérémonies.

« Soufi, il ne t'est pas permis d'entrer en tant que savant, dit le maître des cérémonies, puisque tu as échoué à l'examen.

– Je ne suis pas ici en tant que savant, dit le soufi : je suis un simple sujet qui apporte un cadeau à Sa Majesté. »

Il montra de la main un cheval, qui le suivait.

Une fois admis en présence du roi, il lui dit :

« J'ai osé amener ce cheval à Sa Majesté parce qu'il possède des caractéristiques que j'estime dignes de l'attention d'un souverain.

– Et quelles sont-elles ? s'enquit le roi.

– Fais apporter n'importe quel ouvrage de l'un ou l'autre des grands maîtres », dit le soufi.

On apporta un livre, on le présenta au cheval ; celui-ci commença de tourner les pages avec ses sabots ; de temps en temps, il faisait une pause, regardait le soufi, hennissait.

« Seigneur ! dit le roi, ce cheval est en train de lire le livre et de commenter des passages.

– Ce savoir-faire n'est-il pas plus extraordinaire encore que celui des savants, qui, après tout, sont des êtres humains et, en tant que tels, plus aptes qu'un cheval à la lecture des livres ? demanda le soufi.

– Certes ! dit le roi, mais je veux savoir comment pareil miracle a pu s'accomplir.

– Si je te le dis, tu pourrais être tenté de destituer tous ces érudits de leurs hautes fonctions, dit le soufi.

– Tant pis, dis-le moi, dit le roi.

– Eh bien, répondit le soufi, j'ai dressé le cheval pendant six mois en mettant de l'avoine entre certaines pages des livres. C'était sa motivation : gagner un peu pour chaque passage qu'il connaissait. Quant au hennissement, c'est son apport personnel.

– Mais c'est exactement de cette façon que les savants eux-mêmes sont dressés au métier des lettres, dit le roi. Nous pouvons donc nous passer des savants. »

On raconte que c'est ainsi que commença l'histoire heureuse du Soufistan, l'histoire du futur. Vous en avez entendu parler, du temps et du lieu où apparurent sur la surface de la terre de vrais savants, après que les savants « chevalins » et le système de dressage utilisé pour former leurs successeurs et flagorneurs eurent été mis en déroute par le roi qui devint un soufi.

*
**

Le fruit de la timidité : ni gain, ni perte.

Proverbe

Les yeux et la lumière

Le religieux Khatib Ahmed dit à Salih de Merv :

« Éclaire-moi sur ta discipline, car elle est abstruse : j'ai beau essayer de comprendre, les exposés soufis restent pour moi sibyllins. »

Salih de Merv répliqua :

« Les aveugles ont besoin d'yeux, pas de lumière. Comment un exposé lumineux pourrait-il ne pas leur paraître obscur ? »

*
**

Celui qui cherche uniquement son bien-être ne connaîtra pas un plein succès. Le timoré qui craint la gueule de bois ne goûtera pas les joies de l'ivresse.

Anwar-i-Suhaili

C'est l'habitant qui donne son sens à l'habitation.

Proverbe

KASAB DE MAZAR

Sheikh Kasab de Mazar, de passage à Mossoul, entra dans une mosquée. Un religieux haranguait une nombreuse assemblée. Il faisait la morale aux gens, les exhortait à accomplir de bonnes actions.

Voyant Kasab prendre place, il s'écria :

« Et je ne saurais trouver meilleure conclusion à mes observations que de dire mon ferme espoir que Kasab l'hérétique s'amendera et ne profitera pas de son séjour ici pour semer la zizanie entre nous ! Bien sûr, il prétendra dire la vérité ! »

Kasab se leva et dit :

« Demain, dans le centre de la ville, je prononcerai des paroles hypocrites pour que tous entendent. Ceux qui ne souhaitent pas être pervertis peuvent s'abstenir de venir, à moins qu'ils ne soient assez purs pour supporter mes abominations, grâce aux efforts constants déployés par ce religieux en faveur de la vérité. »

Le lendemain une foule compacte s'était rassemblée pour entendre Kasab.

Il commença par ces mots :

« Je suis venu vous parler pour votre bien. »

Quelqu'un demanda :

« Est-ce là une assertion hypocrite ?

– Oui, c'est une assertion hypocrite, dit Kasab, si elle est avancée par quelqu'un qui n'a qu'un désir : faire parler de lui. »

Il poursuivit :

« Je ferai maintenant une autre déclaration hypocrite. Celle-ci : "Vous devez faire le bien, puisque vous savez tous ce qui est bien et ce qui est mal." »

Une autre voix s'éleva de la foule :

« Pourquoi cette déclaration est-elle mal fondée ?

– Parce que, dit Kasab, les gens ne *savent* pas ce qu'est le bien : tout homme intelligent sait cela. On leur a dit que ceci est bien, et que cela est mal, c'est tout ce qu'ils savent. »

Il dit alors :

« Voici d'autres paroles hypocrites : "Cet homme est bon", "Cet homme est mauvais", "Il faut suivre son exemple", "Il faut le fuir", quand ces mots veulent dire en fait : "Je l'aime bien", ou "Je ne l'aime pas", "J'ai besoin de croire en lui", ou "Je ne veux pas croire en lui". »

Puis il dit :

« Quelqu'un désire-t-il entendre d'autres paroles hypocrites ? »

Aucune voix ne s'éleva de la foule.

*
**

Souveraineté

La souveraineté est un grand courant d'air frais.

Hariri

Le cœur des nobles est le tombeau des confidences.

Proverbe

La satisfaction est un trésor qui ne s'altère pas.

Proverbe

Argent

Yusuf Ibn Jafar el-Amudi demandait de l'argent, parfois même beaucoup d'argent, à ceux qui venaient étudier avec lui.

Un légiste éminent étant venu le voir lui dit :

« Je suis captivé et impressionné par tes enseignements, et je suis sûr que tu diriges tes disciples comme il faut. Mais il n'est pas conforme à la tradition de demander de l'argent en échange de la connaissance. Et puis, cela peut prêter à contresens. »

El-Amudi répondit :

« Je n'ai jamais vendu de connaissance. Il n'y a pas assez d'argent sur terre pour la payer. Maintenant, que cela puisse être mal interprété, c'est possible, mais si je ne demande rien, cela n'empêchera pas les interprétations erronées : elles trouveront un autre objet.

« Tu devrais le savoir : un homme qui demande de l'argent peut être cupide, ou non. Mais celui qui ne demande rien du tout peut être suspecté du pire : de voler l'âme du disciple. Il arrive que ceux qui disent : "Je ne prends rien", prennent en fait la volonté de leur victime. »

*
**

Puisque les épées sont faites pour tuer
Ils ont bien fait de leur donner la forme d'une langue.
Anwar-i-Suhaili

DIGESTION

Ibn Darani écrivait des livres sur la médecine, la religion, l'astronomie, les mathématiques et les vertus des plantes.

Ses détracteurs prétendaient qu'il s'intéressait à bien trop de choses pour en avoir une connaissance approfondie. « Même s'il connaît effectivement ces différentes disciplines, ajoutaient-ils, il devrait, pour être efficace, n'en enseigner qu'une seule : on ne devient une autorité respectée et reconnue qu'en se spécialisant dans une unique matière. »

Un visiteur questionna Ibn Darani à ce sujet.

« Même une abeille est connue pour au moins deux choses, dit-il : son miel et son dard. Prenons cette pêche par exemple. Si tu ne veux en obtenir qu'une chose, tu peux choisir le goût, la couleur, la texture, la fraîcheur. Mais si tu ne cherches qu'un seul aspect, alors ce n'est pas une pêche que tu veux. Il n'y a qu'un idiot pour considérer une pêche et dire : "Ce fruit a bien trop de choses pour moi ! Pourquoi les pêches n'ont-elles pas une saveur, un point c'est tout ?" »

*
**

Quand enfin arrivera d'Irak l'antidote,
La victime du serpent sera déjà morte.

Saadi

CIBLE

Un derviche vint trouver un maître soufi et lui dit :

« Noble guide, je désire apprendre de toi tout ce que je pourrai ensuite communiquer aux autres. »

Le soufi lui dit d'aller tous les jours au jardin et d'y donner à manger aux oiseaux et aux animaux, jusqu'à ce qu'ils viennent à lui toutes les fois qu'il paraîtrait.

C'est ce que fit le derviche. Pendant trois ans. Au terme de cette période, il revint voir le soufi.

« Les oiseaux et les animaux viennent à moi chaque fois que je me montre à eux, dit-il.

– Veux-tu encore apprendre afin de transmettre aux autres ? » demanda le maître.

Le derviche répondit :

« Je sais maintenant que je dois apprendre tout ce que je peux apprendre, et non essayer d'apprendre dans un but déterminé tant que je ne connais pas la valeur du but. »

Le soufi lui dit :

« Maintenant, tu peux commencer à apprendre. Si ton

attention n'avait pas été fixée sur les oiseaux et les animaux, ton esprit réel n'aurait pas été capable de résoudre ce problème de compréhension. L'attention exige un objet, comme la flèche exige une cible. Mais avoir une flèche dans une cible tout le temps, ou avoir toutes les cibles pleines de flèches, ou avoir tous les archers tirant à la fois, ou avoir des gens qui pensent que tirer à l'arc est absolument nécessaire alors qu'ils peuvent faire autre chose, et être autre chose qu'un archer – tout cela est la marque de la stupidité et conduit tout droit à l'oubli. »

LA NOURRITURE DU PAON

Un disciple interrogea un sage soufi sur le comportement d'un derviche :

« Pourquoi, de son vivant, a-t-il défendu si énergiquement sa réputation ? Les sages ne peuvent pas avoir des préoccupations d'ordre aussi personnel, tout de même !

– Il a défendu sa réputation vigoureusement parce qu'il voulait que les gens pensent : "Ces derviches sont des adversaires redoutables ! Mieux vaut éviter de croiser le fer avec eux."

– Mais pourquoi, s'il était humble, avait-il besoin d'acquérir de la réputation ?

– Il a agi ainsi dans le but de prévenir l'oppression. Et c'est précisément ce qui s'est passé : de nombreux individus vulnérables ont été protégés parce que les oppresseurs et les penseurs destructeurs redoutaient de les attaquer sans raison valable, au cas où ils se seraient montrés aussi fermes et combatifs que le derviche dont nous parlons.

– Et parce qu'il ne pouvait pas s'expliquer sans dévoiler le plan, il passait pour être vaniteux, entêté et agressif ?

– C'est bien ça. Mais il n'avait pas le choix. Il avait la possibilité d'aider ceux qui viendraient après lui, et il lui fallait saisir cette occasion, qu'il encoure l'opprobre ou non, qu'il soit ou non compris.

« Garde-toi de faire des interprétations superficielles des actes et des dits des soufis. Cette question est si profonde que seuls ceux qui sont arrivés comprennent vraiment. Rappelle-toi le dicton "Si tu as l'estomac d'un bœuf, ne parle pas d'absorber la nourriture du paon." »

L'HOMME PARFAIT

Un disciple, après avoir étudié plusieurs mois sous la direction d'un soufi, lui dit :

« Maître, tu es l'homme le plus important au monde et pourtant relativement inconnu. Je considère qu'il est de mon devoir d'aller de région en région éclairer les gens sur ton importance. Comment accepter que l'homme infiniment accompli reste inconnu ? »

Le maître dit :

« Et à supposer même que je dise que je suis l'homme infiniment accompli, ou que j'autorise quiconque à le dire, tu saurais alors que je ne le suis pas. Considérer que tu dois dépeindre ton maître comme l'homme le plus important sur terre révèle ton degré d'arrogance. »

*
**

La bougie a brûlé le papillon de nuit,
Mais elle disparaîtra bientôt dans sa propre graisse.

Anwar-i-Suhaili

Oui, le monde est une illusion. Mais la Vérité toujours s'y manifeste.

Subhani

MAINTENANT COMMENCE

« J'ai dit : "Ne lisez pas de livres", et personne n'en lit, observa Alami. Mais quand j'ai dit cela, je m'adressais à un groupe en particulier. Pourquoi ces instructions sont-elles suivies par d'autres groupes ? »

Aswad le murid demanda :

« Quel livre, alors, dois-je étudier ? »

Alami lui dit de lire les *Contemplations alamites*.

Quand Aswad revint le voir, Alami lui dit immédiatement :

« As-tu lu les *Contemplations ?*

– Oui, dit Aswad.

– Quelles instructions t'avais-je données à ce sujet ?

– De lire le livre intitulé *Contemplations alamites*.

– As-tu lu le livre ?

– J'ai lu les *Contemplations*.

– Pourtant je peux te dire que tu n'as pas lu le livre en entier.

– Je n'ai pas lu la préface, ni les notes, parce que je ne pense pas qu'elles fassent partie des *Contemplations*.

– Peut-être maintenant voudras-tu commencer à suivre tes instructions », dit Alami.

*
**

Le bol est plus chaud que la soupe.

Proverbe

MILLE DINARS

Junaid prononça un discours. Un jeune homme riche, l'ayant entendu, fut si impressionné qu'il donna tout ce qu'il possédait aux nécessiteux. Tout, à l'exception de mille dinars.

Il prit cet argent et vint l'offrir au maître.

« Chercherais-tu à m'empêtrer dans les affaires de ce monde ? » dit Junaid.

Le jeune homme reprit ses mille dinars, alla sur la berge d'un fleuve ; là, il jeta les pièces, une à une, dans l'eau.

Quand il revint voir Junaid pour devenir son disciple, le maître dit :

« Faire en mille fois ce que tu aurais pu faire en une fois, cela montre que tu ne peux pas devenir mon compagnon. Pourquoi ne les as-tu pas toutes jetées d'un coup ? »

⁂

L'ouvrier, c'est celui qui a achevé le travail.

Proverbe

Considérez le grain de poivre, et l'ampleur de l'éternuement.

Proverbe

LES ÉPREUVES

Hadrat Omar, fils d'Osman de La Mecque, écrivit ce qui suit à Junaid, Shibli et Harari :

« Si terrible est la Voie spirituelle que personne ne devrait entreprendre ce voyage à moins d'être capable de passer à gué deux mille cataractes rugissantes, de gravir deux mille volcans crachant le feu. Celui qui n'est pas prêt à affronter pareilles épreuves devrait s'abstenir de s'appeler "chercheur". »

Junaid dit :

« Je n'ai subi qu'une seule de ces épreuves. »

Harari dit :

« Je n'ai fait que quelques pas chancelants. »

Shibli dit :

« Je n'ai rien vu ni même pressenti de terrifiant. »

Alors une voix de l'autre monde se fit entendre :

« Ceux qui regardent comme terrifiantes ces épreuves, qui ne les considèrent pas comme des avantages essentiels, ceux qui peuvent s'appesantir sur leurs propres souffrances au lieu de les endurer, ceux-là ne sont pas des soufis, mais autre chose. Ils ne cherchent pas l'esprit, mais la sensation. Ils sont "du monde" et imaginent que les sentiments de ce monde sont des sentiments sublimes. »

⁂

Quand demain sera venu, pense les pensées de demain.

Proverbe

HOMMES ET CHAMEAUX

Bahaudin Naqshband était sur sa terrasse un jour quand se présenta un groupe nombreux de candidats disciples.

Leur chef dit à Bahaudin :

« Nous sommes venus avec le désir de nous engager dans le Travail, de suivre l'enseignement du maître. Puisse cette intention trouver créance !

– Passez devant moi, l'un après l'autre, sans dire un mot », dit Bahaudin.

Les disciples défilèrent devant lui.

Le maître dit alors :

« Le cinquième, le dix-huitième et le trente-quatrième sont acceptables pour la Voie. »

Le chef des disciples dit à Bahaudin :

« Peut-on savoir quelles caractéristiques permettent d'établir si le candidat est acceptable ou non ?

– Quel métier exerces-tu ? » interrogea le maître.

L'homme répondit qu'il était éleveur de chameaux.

« Alors tu dois être capable de reconnaître la qualité et

les potentialités des chameaux rien qu'en les voyant défiler devant toi. Pourquoi ne fais-tu pas appel à ta propre expérience ? Elle te dirait qu'un maître spirituel, œuvrant dans son domaine propre, peut exercer une capacité analogue. »

*
**

Les chauves-souris sortent quand le soleil s'est couché.

Proverbe

MIROIR

Hadrat Abul-Hasan Khirqani prononça ces paroles :

« Mes faiblesses ont été nombreuses, et par comparaison mes invocations trop peu nombreuses ! »

Un homme qui désirait devenir un soufi alla demander à un autre maître :

« Quel est le sens de cette remarque ? Si Abul-Hasan, le plus grand d'entre les saints, peut dire à son âge qu'il n'a pas fait assez dans un sens, et trop fait dans l'autre, comment, alors, celui qui veut apprendre, mais qui est de rang moindre, pourrait-il espérer atteindre quoi que ce soit ? »

Le sage répondit :

« Homme au brillant avenir ! Tu ne seras pas en état pendant longtemps d'être rangé au nombre des élus : non pas parce que tu n'as pas les aptitudes d'Abul-Hasan, mais parce que tu ne t'es pas encore aperçu qu'il ne parle pas de lui, mais qu'il sert de miroir à ton moi intérieur. »

*
**

Le serpent passe par le trou après s'être redressé.
Proverbe

L'ÉTAT DE DISCIPLE

Khamlat Posh a dit :

« Je n'ai jamais refusé de prendre quelqu'un comme disciple. Mais la plupart des postulants sont en réalité, sinon en apparence, incapables de tirer profit de la phase de l'"état de disciple", de sorte qu'en fait ils s'excluent eux-mêmes de son opération.

« L'état de disciple est une affaire de méthode, non de potentialité. Il peut y avoir en tout homme l'étoffe d'un homme supérieur. Mais très rares sont ceux qui ont appris comment aborder le problème.

« Être un disciple, c'est être capable d'apprendre, ce n'est pas uniquement désirer apprendre. Personne ne sait apprendre d'emblée : ce n'est pas une disposition naturelle. C'est une compétence qu'il faut acquérir.

« La base de la capacité d'apprendre n'est pas le désir d'apprendre, mais la sincérité. Et la base de la sincérité, c'est l'honnêteté et le sens de la mesure.

« Vouloir faire plus que ce que l'on est capable de faire,

et ne pas accepter le fait que, parfois, l'on ne doit pas recevoir de réponse, cela est un manquement à l'état de disciple. »

*
**

On ne peut atteindre deux cibles avec une flèche.

Proverbe

GRENADES

Un jeune homme désireux de s'instruire dans l'art de la médecine se rendit chez un médecin soufi. Il lui demanda de l'accepter comme apprenti.

« Tu es impatient, dit le docteur. Tu ne sauras pas observer convenablement ; des détails t'échapperont, nécessaires à ton apprentissage. »

Mais le jeune homme le supplia, et le soufi consentit à le prendre comme élève.

Au bout de quelques années l'élève jugea qu'il était prêt à exercer ses talents de thérapeute.

Un jour, apercevant un homme qui cheminait vers sa maison, le docteur dit à l'apprenti :

« Cet homme est malade. Il a besoin de grenades.

– Tu as fait le diagnostic, laisse-moi faire l'ordonnance : j'aurai fait la moitié du travail, dit l'élève.

– D'accord, dit le maître, à condition que tu te rappelles que l'action est aussi illustration. »

Dès que le client eut mis le pied sur le seuil, l'élève le fit entrer et lui dit :

« Tu es malade. Prends des grenades.

– Des grenades ! cria l'autre, en voilà un traitement ! C'est absurde ! »

Et il repassa le seuil.

Le jeune homme interrogea son maître sur le sens qu'il convenait de donner à l'incident.

« Je t'éclairerai la prochaine fois que nous aurons un cas similaire », répondit le soufi.

Peu après, ils étaient assis ensemble devant la maison, lorsque le maître, levant soudain les yeux, vit quelqu'un venir vers eux.

« Voici une illustration pour toi, fit-il : quelqu'un qui a besoin de grenades. »

Le docteur fit entrer son client, l'examina :

« Ah, nous voici devant un cas difficile, et complexe, dit-il. Voyons voir... Hum ! selon moi, ce qu'il te faut, c'est un régime, un régime spécifique. Il devra se composer de quelque chose de rond, avec de petites cavités à l'intérieur, quelque chose de naturel. Des oranges ? Ce n'est pas la couleur indiquée... Le citron est bien trop acide... J'y suis ! des grenades ! »

Le malade rentra chez lui, ravi et reconnaissant.

« Maître, interrogea l'élève, pourquoi n'as-tu pas dit tout de suite "des grenades" ?

– Parce que, dit le soufi, il ne lui fallait pas seulement des grenades, il lui fallait aussi du *temps*. »

*
**

Si tu es sans le sou, tu auras mille rêves.
Mais n'aurais-tu qu'une unique pièce de monnaie, tu n'auras plus que vingt options !

Dicton

Sois un chasseur, comme le faucon, quelqu'un qui pourvoit aux besoins des autres. Pas un mangeur de débris, comme le corbillat.

Anwar-i-Suhaili

L'HOMME ENDORMI

Akram cherchait avec ardeur, depuis toujours, la connaissance véritable. Il arriva un jour chez un sage qui savait les secrets de la vie.

Akram demanda que lui soient révélés les mystères. Le sage dit simplement :

« Les choses importantes d'abord, et une seule chose à la fois. »

Pendant des années, Akram servit le maître en tout, mais la seule chose qu'il était sûr d'avoir appris, c'est qu'il y aurait un âge d'or dans plusieurs siècles.

« En ce cas, je vais me transporter dans les siècles futurs », se dit-il, car il ne pensait pas que le sage puisse faire quoi que ce soit pour lui en attendant.

Akram quitta l'adepte, parcourut le monde, finit par trouver un maître plus à sa convenance : un fakir faiseur de miracles qui consentit à le faire tomber dans un sommeil de sept cents ans.

Quand il se réveilla, ce fut pour se retrouver, seul, parmi

les ruines de ce qui avait été, selon toute apparence, une civilisation puissante : vestiges de palais imposants, magnifiques jardins envahis par l'herbe, merveilles de toute nature éparpillées dans le paysage.

Pendant des jours Akram chercha un signe de vie. Un filet de fumée lui signala enfin une présence humaine. Il découvrit une habitation. Quelqu'un se tenait tout près : un derviche solitaire, farouche, vêtu d'une robe rapiécée.

« Je cherche l'âge d'or, dit Akram.

– Tu l'as manqué, dit le derviche : de deux cents ans. »

Abdali

Un homme étant venu voir Abdali lui dit :

« Je suis simple soldat ; je t'en prie, fais en sorte que je devienne officier. »

Un an après il écrivit pour dire : « J'ai été promu officier, mais je suis ici maintenant, sur la frontière, conduisant mes troupes au combat, et c'est dur ! Pourrais-tu, je te prie, m'aider à obtenir ma mise en disponibilité ? »

Six mois plus tard, cet homme se présenta à la tekkia d'Abdali, disant :

« Voilà, je suis libéré de mes obligations militaires, et j'ai ouvert un commerce. Peux-tu intercéder pour moi, que mes affaires prospèrent ?

– Hélas ! soupira Abdali, je ne peux pas te dire que faire, puisque tu es incapable de voir plus loin que ce que tu imagines être ton intérêt. Aussi dois-tu sans cesse recourir à moi pour changer le cours de ta carrière. Et tu viens, et tu m'écris, m'indiquant ce que je dois faire pour toi – et cela ne te fait aucun bien.

– Si je ne gagne rien à ce que mes souhaits me soient accordés, pourquoi me les accordes-tu ? Tout ce que j'ai demandé jusqu'ici, tu l'as fait pour moi.

– Tout ce qui a été fait pour toi l'a été afin que tu en tires la leçon. La leçon, la voici : “Chaque fois que tu te donnes un but, cela tourne mal.”

– Alors, choisis un but pour moi !

– Je ne peux pas choisir un but pour toi que tu réaliseras correctement. Ton problème, c'est que dans l'état où tu es, tu n'es pas prêt à te préparer à atteindre des buts. »

LA PIERRE

On demanda à Sayed Nimr :

« Comment une petite idée peut-elle faire obstacle à une grande idée ? Si un homme a acquis des capacités qui lui permettent de comprendre ce qui est important, ces capacités ne lui permettent-elles pas du même coup de se soustraire à l'influence déformante des petites idées ? »

Le sayed dit aux disciples :

« Ramassez des pierres, vous tous, de petites pierres.

« Ces pierres ne gênent pas la vision quand elles sont à une certaine distance : elles sont bien trop petites. Mais si vous prenez même la plus petite d'entre elles et que vous la teniez à la hauteur de votre œil, elle vous semblera grande, parce qu'elle fera obstacle à la vision. Elle vous bouchera la vue. »

*
**

On ne bat pas le fer à froid.

Proverbe

Sans entrave

Ils demandèrent au grand maître Hadrat Nuri :

« Qu'est-ce qu'un soufi ?

– Un soufi, dit Nuri, c'est quelqu'un qui est sans entrave, et dénué de tout désir d'asservir autrui.

« Du soufisme, on ne peut pas dire que c'est une doctrine, on ne peut en parler comme d'un rituel.

« Qui dit doctrine, dit endoctrinement ; tout rituel implique des pratiques répétitives.

« Le soufisme, c'est quelque chose qui est en création, ce n'est pas quelque chose qui s'applique aux résultats de la création. »

*
**

Le four est chaud : c'est le moment de faire le pain.

Proverbe

MUSA D'ISPAHAN

Pendant des années Musa instruisit ses disciples tout en administrant ses domaines. Au nom des siens il discutait avec les hommes de loi, faisait des démarches auprès du roi, prenait des décisions concernant mille et une affaires journalières.

Après sa mort, deux juristes eurent une conversation à son sujet.

« Quelle excellente illustration de la manière dont un homme peut être pratique et habiter cependant les domaines supérieurs de l'esprit ! dit le premier.

– Je dirais plutôt, répliqua l'autre, que la vie de Musa fut un exemple rare d'enseignement total. Ses actions temporelles n'étaient pas moins importantes que ses œuvres spirituelles.

– Mais quelle pouvait être l'importance des activités profanes ?

– Double. Les activités qu'il menait dans le monde lui permettaient d'assurer le bien-être physique de ses disciples, et lui donnaient en même temps l'occasion d'illustrer chaque jour, sous leurs yeux, la superficialité de la vie ordinaire. »

*
**

La lumière du soleil est la preuve que le soleil existe.
Proverbe

Sandales

Quelqu'un demanda au maître soufi Ghulam-Shah comment il procédait pour dispenser ses enseignements aux disciples.

Le maître dit :

« Pieds nus en attendant de pouvoir se procurer des sandales, avec des sandales en attendant de pouvoir porter des bottes. »

*
**

Un seul mensonge vous prive de quarante vérités.

Proverbe

Lutte

Un homme alla voir un derviche et passa autant de temps avec lui que ce dernier le lui permit. Un jour, espérant que c'était le bon moment, il dit au derviche :

« Je désire réussir dans la vie. »

Le derviche lui dit :

« Arpente les rues de cette ville pendant deux ans. Par intervalles, tu crieras, bien fort, "Tout est perdu !" Puis ouvre un petit commerce. »

L'homme ouvrit boutique après s'être conformé aux instructions du derviche. Dans la ville, tout le monde le connaissait désormais, et tous, ou presque, l'évitaient, pensant qu'il n'était qu'un derviche à l'esprit dérangé.

Il finit cependant par gagner la confiance des gens. Ses affaires commencèrent à prospérer. À la longue, il se révéla même qu'il avait la main exceptionnellement heureuse : il n'avait qu'à entreprendre pour réussir.

Alors, riche et puissant, il alla trouver le derviche qui l'avait conseillé.

« Quelle magie recélait donc ton invocation “Tout est perdu” ? interrogea-t-il.

– Il s’agissait de te remettre dans une situation quasi désespérée, afin que tu aies tant à lutter contre les handicaps que tu ne puisses faire autrement que d’aller loin et de réussir, répondit le derviche.

– Comment toi, un homme de Dieu, as-tu appris à déclencher un processus de cette sorte, un processus matériel ?

– Par analogie. Je n’ai fait qu’adapter les moyens que doit utiliser l’homme spirituel aux besoins du monde inférieur : l’issue ne faisait aucun doute. »

Le Yéménite

On rapporte que le grand Imam el-Ghazali était assis un jour, silencieux, avec un groupe de ses élèves, quand on annonça un visiteur du Yémen.

Dès que l'imam eut fait signe que l'on pouvait poser des questions, le Yéménite lui dit :

« Comment te connaître, en savoir davantage sur toi, sur tes œuvres et le sens de ta philosophie ? »

L'imam donna un ordre. On alla chercher cinquante de ses œuvres, et les cinquante volumes furent offerts au visiteur.

« Étudie ces livres, dit l'imam, tu y trouveras la réponse à ta question. »

Après le départ du Yéménite, un disciple dit à el-Ghazali :

« Je ne sais quoi penser de cet échange. L'imam voudrait-il faire un commentaire ? »

El-Ghazali répondit :

« Tu apprendras en digérant l'événement. »

Bien des années plus tard, après la mort de l'imam, quelqu'un qui avait entendu parler de la visite du Yéménite demanda au disciple quelle sagesse il en avait reçue.

« J'ai finalement compris, dit le disciple, bien que ma paresse naturelle et une réflexion en surface m'en aient longtemps voilé le sens.

« L'imam donnait au Yéménite une occasion de se familiariser avec son enseignement écrit afin de pouvoir à la fin transcender la forme écrite.

« L'imam savait, par le comportement du visiteur, l'approche qu'il adoptait, que celui-ci devait d'abord combattre ses préjugés contre les livres.

– Mais que serait-il arrivé si le visiteur avait conclu que l'imam, en lui offrant ses œuvres, lui avait accordé une faveur particulière ?

– Le Yéménite aurait échoué.

– Et que serait-il arrivé si le Yéménite avait passé tout son temps à tenter de forcer le sens des cinquante livres ?

– Personne ne peut aider pareilles gens.

– Et que serait-il arrivé si le Yéménite s'était offensé de recevoir de quoi lire, au lieu d'être admis à demeurer en compagnie du maître ?

– C'eût été la preuve que le Yéménite n'était pas prêt à "être en compagnie" du maître. Ce qui annonce le "compagnonnage" (le *contact direct*), c'est la volonté de suivre les indications du compagnon. »

*
**

Un bâton a toujours deux bouts.

Proverbe

LE VOYAGE DE MINAI

Mohsin Minai n'était pas content de son sort, de la vie banale qu'il menait dans sa ville natale comme petit ouvrier émailleur. Un jour il décida de partir chercher fortune.

Il se dirigea d'un pas tranquille vers la grand-porte, bien décidé à ne pas laisser passer sa chance. Il quittait la ville, lorsqu'un homme qu'il connaissait à peine le héla :

« Moshin, si tu veux prendre un emploi d'émailleur, je connais quelqu'un qui cherche un homme de métier.

– Non, merci, dit Mohsin : cette vie-là, je l'ai abandonnée, j'aspire à un sort meilleur ! »

S'il n'avait pas décliné l'offre qui lui était faite, il serait devenu bien vite un émailleur célèbre, et un artiste révéré, car tel était l'aboutissement de l'occasion dont il refusait d'accepter le commencement.

Cette rencontre ne fit qu'attiser son désir de suivre sa destinée. « Si je n'avais pas entrepris ce voyage, se dit-il, si j'étais resté dans la petite baraque de l'émailleur, au bazar, je n'aurais pas eu cette possibilité de devenir un émailleur en titre avant plusieurs années. Vrai, la chance sourit aux voyageurs ! »

Il poursuivit son chemin. Cela faisait déjà plusieurs jours qu'il marchait, quand un inconnu l'aborda :

« Quel est ton métier ?

– Je suis maître émailleur », répondit Mohsin, tout en songeant : "Après tout, si j'étais resté dans ma ville natale, je serais déjà maître émailleur, c'est sûr. Pourquoi donc devrais-je me présenter comme simple ouvrier ?"

L'inconnu lui dit :

« Ma sœur se marie, je voudrais lui offrir un émail, une pièce unique. Accepterais-tu de faire cela pour moi ? Je te fournirai tous matériaux et instruments.

– Volontiers ! » dit Mohsin.

Il s'installa dans le village le plus proche et façonna pour la sœur de l'inconnu un magnifique bracelet en émail.

Après quoi, il se dit :

« Me voilà enfin devenu un homme important : je gagne de l'argent, mon talent est reconnu, j'ai pris de l'envergure aux yeux des gens, et ce n'est manifestement qu'un début. »

Avec l'argent du bracelet, son premier ouvrage de commande en tant qu'artiste indépendant, il acheta une boutique, car il avait décidé de rester quelque temps en ce lieu.

Peu après, quelqu'un entra dans la boutique et lui dit :

« Je suis émailleur, je cherche un endroit propice où m'installer, je voudrais acheter ton affaire. »

Il offrit à Mohsin Minai une si grosse somme d'argent pour sa boutique et son bon vouloir que la transaction fut vite conclue. Et Minai se mit en route de nouveau.

Cela faisait déjà un jour ou deux qu'il marchait, quand des brigands l'attaquèrent, le délestèrent de sa fortune et l'abandonnèrent au bord de la route après l'avoir rossé.

Minai ne pouvait savoir que s'il était resté au village, il

se serait retrouvé dans une situation bien pire : ce même jour en effet la boutique qu'il avait vendue était engloutie dans un tremblement de terre, et son successeur, tué.

Il resta là, prostré, se lamentant sur son sort, déplorant son inaptitude à persévérer, regrettant d'avoir vendu la boutique par cupidité.

Un homme charitable qui passait par là aperçut l'émailleur malchanceux, s'approcha de lui.

« Viens chez moi, dit-il, je t'aiderai. »

Minai s'installa chez son nouvel ami, attendant que ses blessures guérissent.

« J'ai un petit travail pour toi, au jardin », lui dit un jour son hôte. Minai accepta, et trois années s'écoulèrent ainsi, car les voyages lui faisaient peur désormais : il craignait que la malchance le poursuive, que le malheur le frappe. Il se félicitait en même temps de son humilité (n'avait-il pas été capable de suspendre ses ambitions ?) et de son aptitude à assumer ce modeste emploi de jardinier, lui, un artisan. Il se considérait comme particulièrement vertueux : il s'acquittait de sa dette envers son sauveur en le servant, en retour de la compassion immédiate que celui-ci avait témoignée à un vagabond sans le sou.

Ce que Minai ne savait pas, c'est que s'il était resté là-bas, au bord de la route, quelque chose de complètement différent serait arrivé.

Les brigands n'avaient pas tardé en effet à se quereller, après que la malchance les eut frappés plusieurs fois de suite. Le chef fut finalement tué par son second, et celui-ci rapporta tout l'argent dérobé à Mohsin, et même davantage, et déposa l'or à l'endroit où lui et ses complices l'avaient laissé à demi mort, ce pour éloigner la « malédiction ».

Quand il eut travaillé mille jours dans le jardin de son protecteur, Mohsin Minai lui demanda la permission de partir et se dirigea vers la ville la plus proche. Il trouva un emploi chez un émailleur, comme ouvrier. Puis il entra chez un orfèvre, en tant que simple artisan, et finit émailleur en chef.

« Maintenant, se dit-il, j'ai retrouvé ma voie, je suis là où j'aurais dû être si je n'avais pas eu ces idées de grandeurs et entrepris de voyager. »

Mais ce qu'il ne savait pas, c'est que ses imaginations à propos de son humilité, et la croyance vaine que les événements de sa vie formaient une espèce de tout cohérent, faisaient obstacle à son progrès réel.

Quand, à la suite d'une méprise, il fut arrêté et reconnu coupable de détournement de fonds, il commença de réarranger ses idées d'autre façon :

« Si seulement j'étais resté là où j'étais, cela aurait mieux valu pour moi ! Mais les malheurs qui nous assaillent ne sont que des épreuves. Il me faut être patient dans l'infortune. »

Ce qu'il ne voyait pas, ce qu'il ne parvint jamais à comprendre, c'est que les divers événements d'une vie font partie de chaînes de causes et d'effets différentes. Quiconque essaye de rassembler toutes les chaînes d'événements en une seule, de faire de toutes les histoires qui composent une vie une seule et unique et longue histoire, quiconque se flatte, en posant comme principe qu'il accomplit une seule destinée, devra affronter en conséquence des situations qui ne seront pas le « test » de son humilité et de sa patience, mais le paiement de sa stupidité. Ceux qui croient toujours être soumis à un test quand ils touchent le salaire de leurs actes, souffrent de vanité. Cette vanité les empêche même d'envisager qu'ils puissent à un moment ou à un autre récolter ce qu'ils ont semé.

*
**

Pain, souris et...

Ne laissez pas les souris s'approcher du pain,
Ne laissez pas les érudits s'approcher du travail soufi.

Dicton

La légende du médecin caché

Il était une fois un médecin. En ce temps-là, presque partout sur terre, l'art de la médecine était rudimentaire. C'est pourquoi il décida de diffuser ses connaissances à l'extrême occident du continent où il vivait : dans cette région, connue sous le nom de Gharb, le savoir médical était à peu près inexistant, bien qu'à tout autre égard ses habitants aient élaboré une brillante culture.

Notre médecin était, il faut le dire, sage autant que savant. Il se renseigna minutieusement sur les populations de la région avant d'aller là-bas. Il fit, entre autres, cette découverte : dès que les gens de Gharb entendaient parler de quelque chose dont l'emploi pouvait être avantageux pour eux, ils avaient tendance à vouloir aussitôt se l'approprier, et à l'utiliser de façon destructrice. En outre, certains tyrans s'emparaient de précieuses informations et les gardaient pour leur usage personnel.

Le médecin propagea donc la rumeur selon laquelle, dans une contrée lointaine, un docteur inconnu connaissait le remède à quantité de maux. Beaucoup partirent à sa recherche, le plus souvent pour de mauvaises raisons : car ils étaient gens de Gharb. Certains de ces voyageurs avaient un tel désir (faut-il dire une telle avidité ?) de trouver le « merveilleux docteur » qu'ils croyaient vraiment l'avoir trouvé. Parfois ils le rencontraient, sans savoir que c'était lui. Le mal dont ils souffraient ayant disparu, ils attribuaient leur guérison à une cause ou à une autre, ou pensaient même que leur maladie « avait guéri toute seule ».

En réalité, le docteur, dont l'unique souci était de guérir et de préserver, vivait incognito parmi ses malades.

Il avait aussi des « représentants » dans d'autres pays. Ceux-ci firent savoir qu'ils détenaient des remèdes contre diverses affections, des remèdes fort coûteux. Mais en réalité ils ne prenaient rien pour eux, et les médicaments ne coûtaient rien. Alors, comment l'argent était-il dépensé ?

La vérité, c'est qu'il couvrait les frais de voyage du docteur, qui devait souvent parcourir une longue distance pour se rendre en personne auprès du malade, l'examiner – généralement à son insu – et prescrire un traitement. Puisque, pour des raisons essentielles, la procédure suivie était tenue secrète, les malades, constatant que le médicament mettait du temps à agir, supposaient presque toujours que ce délai était fonction du degré d'affinité entre leur organisme et les substances prescrites, alors qu'il correspondait bien sûr au temps qu'il fallait au médecin pour venir jusqu'à eux.

Imaginez, maintenant, ce qui s'est passé quand le docteur est mort. Tous les intermédiaires, mal informés, continuèrent de parler de la guérison à distance, du temps et du coût. Ils ne savaient pas qu'un autre médecin, désigné par le premier, lui avait succédé et effectuait les soins de la manière qui convenait aux conditions nouvelles et à sa propre individualité. Il ne choisissait pas toujours les mêmes représentants et n'acceptait pas toujours leurs successeurs.

*
**

Le repentir du loup, c'est la mort.

Proverbe

Seuls trois hommes au monde

Quand les fils d'Adam se furent multipliés excessivement, les calamités s'abattirent en plus grand nombre. Certaines de ces calamités, on les appelait « maladies » ; d'autres étaient mises sur le compte de « la folie des hommes » ; d'autres encore étaient d'origine et de signification inconnues.

Les humains se groupèrent en tribus et en nations, de façon à pouvoir les supporter, les repousser ou les éviter.

Ils se séparèrent et s'éloignèrent d'eux-mêmes, et cessèrent de *se* comprendre et de se comprendre mutuellement. Les formes d'activité qu'ils avaient conçues, imitées et apprises, même des insectes, les empêchaient désormais de donner attention à certaines des raisons pour lesquelles les hommes furent à l'origine répartis sur la surface de la Terre.

Khidr voyagea de par le monde, séjournant parmi les divers groupes humains. Il parcourut les déserts et les villes, les îles et les montagnes, les villages et les campements de nomades, cherchant ceux qui seraient capables d'entendre son message : « Le bien réel de l'homme est la même chose que le bien réel des hommes. »

Aussi surprenant que cela puisse paraître, seuls trois hommes au monde purent l'entendre parler.

Khidr dit au premier :

« Viens avec moi en voyage, peut-être en tireras-tu profit. »

Le premier homme le suivit. Ils arrivèrent bientôt sur la berge d'un fleuve. Tandis qu'ils le regardaient couler, Khidr demanda à son compagnon de route :

« Que voudrais-tu que ce fleuve soit pour toi ?

– Je voudrais qu'il obéisse à mes ordres, dit l'homme, que je puisse l'obliger à travailler pour moi, profiter ainsi de son travail et en faire profiter autrui.

– Très bien », dit Khidr.

Ils continuèrent leur voyage et arrivèrent bientôt au pied d'une montagne.

Khidr dit :

« Que voudrais-tu que cette montagne soit pour toi ?

– Je voudrais qu'elle me donne sa connaissance, car elle a vécu plus longtemps que moi : je pourrais en faire usage et en transmettre une part à d'autres.

– Très bien », dit Khidr.

Ils poursuivirent leur chemin et entrèrent peu après dans une contrée fertile : riantes prairies, arbres pleins de fruits.

« Que voudrais-tu que cette contrée soit pour toi ? demanda Khidr.

– Je voudrais être ici chez moi : je vivrais en ce lieu et passerais le restant de mes jours à instruire autrui, à transmettre tout ce que j'aurai pu acquérir de sagesse, dit l'homme.

– Très bien », dit Khidr.

Alors Khidr laissa cet homme, et finalement tout se passa comme celui-ci l'avait souhaité.

Puis Khidr trouva un deuxième homme capable de l'entendre et l'invita à voyager en sa compagnie. Et ils partirent ensemble.

Ils rencontrèrent sur leur route un sage qui parlait aux gens. Khidr demanda à son deuxième compagnon :

« Que voudrais-tu que cet homme soit pour toi ?

– Je voudrais qu'il fasse de moi son successeur, de façon qu'après sa mort je puisse poursuivre son enseignement, dit le deuxième homme.

– Très bien », dit Khidr.

Ils continuèrent leur chemin. Leur attention fut bientôt attirée par un rassemblement. S'approchant, ils virent que l'on persécutait des innocents.

« Que voudrais-tu pouvoir faire en ces circonstances, si tu avais le choix ? demanda Khidr.

– Je voudrais pouvoir libérer ces innocents de l'oppression, et punir les méchants, dit l'homme.

– Très bien », dit Khidr.

Ils se remirent en route et entrèrent peu après dans une ville : ses habitants avaient maintes qualités, mais leurs vues étaient devenues si étroites avec le temps qu'ils ne voulaient pas quitter leur ville pour partager leurs capacités avec d'autres.

« Que voudrais-tu pouvoir y faire ? demanda Khidr à son compagnon.

– Je voudrais pouvoir convaincre ces gens qu'ils doivent s'acquitter d'une obligation : partager ce qu'ils savent avec tous les humains, dit l'homme.

– Très bien », dit Khidr. Et il quitta cet homme, lui ayant accordé ses souhaits.

Alors Khidr alla chercher le troisième homme, le dernier homme au monde qui fût capable de l'entendre, et il lui demanda de l'accompagner dans son voyage. L'homme accepta.

Ils n'avaient pas fait beaucoup de chemin quand ils arrivèrent en un lieu où il y avait des nobles et des esclaves, des gens de condition élevée et des humbles, et d'autres aussi, de rang moyen.

« Que voudrais-tu pouvoir faire dans une situation pareille ? demanda Khidr.

– Je voudrais pouvoir faire ce qu'il faut, agir juste, dit l'homme.

– Très bien », dit Khidr.

Ils poursuivirent leur chemin, et quand ils rencontrèrent des gens qui souffraient de la faim, la sécheresse ayant causé la perte de leurs récoltes, Khidr demanda à son compagnon :

« Voudrais-tu que ces gens aient de quoi se nourrir ? »

Le troisième homme répondit :

« Je voudrais qu'ils s'accommodent de la pauvreté quand cela vaut mieux pour eux, et qu'ils soient mécontents de leur sort quand c'est bien ainsi.

– Très bien », dit Khidr.

Ils continuèrent leur voyage, et arrivèrent bientôt en un lieu où les gens semblaient tous pieux et dociles, où ils maintenaient l'ordre public, où chacun paraissait content de son sort.

« Que voudrais-tu faire d'eux ? demanda Khidr.

– Je voudrais qu'ils soient en état de comprendre précisément ce qui est bon pour eux, et ce qu'ils pourraient faire et ressentir, dit l'homme.

– Très bien », dit Khidr.

Khidr accorda les trois souhaits de cet homme, et le laissa.

C'est dans ces neuf aspirations des trois hommes qui purent entendre Khidr (eux seuls au monde le purent !)

que toute entreprise humaine, toute préoccupation, quelles qu'elles soient, ont leur source.

C'est le travail du troisième homme, cependant, qui eut l'agrément de Khidr, et qui se poursuit de génération en génération.

*
**

Le voleur qui n'a pas été pris est un roi.

Proverbe

Le palais de l'homme vêtu de bleu

Des voyageurs, traversant un pays, découvrirent un palais magnifique au bord de la route. Ils firent halte pour mieux l'admirer. L'intendant sortit leur dire :

« Mon maître, propriétaire de ce palais, vous invite à passer un moment en ces lieux. Il y aura pour vous rafraîchissements et divertissements, si vous voulez bien vous considérer comme nos invités. »

Les voyageurs, ravis, suivirent l'intendant et entrèrent sur ses pas dans la cour. Une multitude s'y trouvait rassemblée. Tous avaient piteuse mine, semblaient malades. Les regards étaient fixés sur un homme revêtu d'une robe bleue. L'homme en bleu touchait les gens un par un, et un par un ceux-ci se transformaient : les membres estropiés étaient restaurés, les visages blêmes reprenaient les couleurs de la santé, les dos voûtés se redressaient.

Un des voyageurs dit à ses compagnons :

« Alors ça, pour être étrange, c'est étrange ! Cet homme est un guérisseur, et pourtant, dans la ville où j'habite, je l'ai vu aller de médecin en médecin, cherchant un remède pour les maux dont il souffrait. »

En quelques minutes, le guérisseur eut fini de traiter ses patients. Il les renvoya, puis conduisit ses invités dans une salle de banquet où les attendaient toutes sortes de mets exquis. Les voyageurs s'assirent pour manger. L'un des compagnons dit à ses voisins :

« Pour être étrange, c'est étrange ! Cet homme offre des banquets, et pourtant, dans la ville où j'habite, je l'ai vu aller de porte en porte quémander un bout de pain. »

Quand le repas fut terminé, l'hôte les emmena voir ses jardins, qui s'étendaient sur une immense superficie. Là, parmi des fleurs et des fruits de toute espèce, une armée de jardiniers s'activait.

Quand l'homme vêtu de bleu fut hors de portée de voix, un autre encore des voyageurs dit à ses compagnons :

« Pour être étrange, c'est étrange ! Voici un homme qui emploie cinq cents jardiniers, au bas mot, et pourtant j'ai vu ce même homme, dans l'endroit où j'habite, chercher désespérément du travail sans pouvoir la plupart du temps en trouver. »

L'étonnement des visiteurs allait croissant ; il ne s'atténua pas quand un autre dit encore :

« Cet homme est bien connu dans ma région. Là, c'est un mendiant, pitoyable, la main tendue dans l'attente du plus petit sou. Ici pourtant il doit dépenser plus d'argent en un jour qu'un roi en une année. »

Aussi surprenant que cela puisse paraître, chacun des voyageurs sans exception avait vu l'homme vêtu de bleu, à un moment ou à un autre, dans le dénuement et la souffrance.

Leur plaisir était mêlé de perplexité.

Après qu'ils eurent passé ainsi plusieurs heures à visiter les lieux, leur hôte dit à son intendant :

« Je vais aller me reposer maintenant. Raccompagne, je

te prie, nos amis jusqu'à la grand-route, et satisfais toute curiosité qu'ils pourraient avoir : il y a peut-être encore un détail ou deux sur lesquels ils n'ont pas été informés. Il serait contraire aux lois de l'hospitalité de les laisser partir sans avoir répondu à leurs désirs. »

L'intendant reconduisit les voyageurs jusqu'à la porte du palais. Ceux-ci se pressaient autour de lui, ils parlaient tous à la fois ; la question de l'un portait sur les guérisons, celle d'un autre sur la nourriture, celle d'un troisième sur la pauvreté ; un quatrième s'étonnait de ce train de vie de grand seigneur.

« J'ai une chose à vous dire, déclara l'intendant, une seule, qui sera la réponse à toutes vos questions, car vos questions sont en réalité une seule question, bien qu'elles vous paraissent différentes. Votre réponse, la voici :

« Mon maître, en personne, a donné autrefois à chacun d'entre vous une occasion de l'aider. Quand un nécessiteux demande de l'aide et que vous lui apportez votre aide, vous vous aidez vous-mêmes. C'est ainsi que la voie par laquelle l'homme peut faire le bien est restée ouverte tout le temps, dans toutes les sociétés, sous toutes les formes possibles. »

L'intendant fit demi-tour, rentra dans le palais. Comme il en franchissait le seuil, le palais disparut. Il n'en resta pas trace.

*
**

Aucun moustique ne pique par méchanceté.

Proverbe

L'HOMME QUI VOULAIT SAVOIR

Un homme se dit un jour :

« À quoi bon observer les règles de l'ordre auquel je suis affilié, respecter les adeptes, faire des dons, lire tous ces livres ! »

Un inconnu qui passait s'arrêta, et, comme s'il avait lu dans sa pensée, lui dit :

« Pour chaque activité extérieure il y a une activité intérieure. Pour chaque acte intérieur il y a un équivalent dans une contrée lointaine.

– Mais, dit l'homme, et si les gens cessaient de suivre les observances du Chemin ? »

Comme dans un rêve, il entendit le derviche parler :

« Voici ce qui arriverait s'il n'y avait pas de maîtres soufis. »

Il vit l'eau des canaux d'irrigation près de lui s'arrêter un instant de couler.

« Et voici ce qui arriverait s'il n'y avait pas de disciples. »

Les arbres, les plantes, les herbes, les feuilles semblèrent roussir et se flétrir en quelques secondes sous leurs yeux.

« Et voici ce qui arriverait si n'étaient pas lus certains passages des livres. »

Des oiseaux morts se mirent à tomber du ciel, comme des grêlons.

« Et voici ce qui arriverait s'il n'y avait pas sur terre assez de gens sincères pour respecter les adeptes. »

La terre se mit à trembler et sembla sur le point de se liquéfier.

« Assez ! cria l'homme. J'obéirai, je lirai, je ferai des dons, j'irai aux réunions.

– Hélas, dit le derviche, tandis que l'eau, les feuilles et le sol revenaient à leur état normal, hélas, aucune de ces promesses que tu fais ne peut désormais t'apporter un quelconque avantage.

– Et pourquoi ? dit l'homme, maintenant que je suis humilié...

– Parce que tu t'attaches à un enseignement uniquement par peur ou par désir. Des gens de ton espèce l'Enseignement doit se détacher.

– Mais je voulais seulement savoir, protesta l'homme.

– Et tu as eu ce que tu voulais, dit le derviche, et cela ne te sert à rien, et cela ne nous sert à rien. »

*
**

Il n'est pas un problème, si difficile soit-il, qu'un théoricien ne puisse résoudre.

Proverbe

Le manteau

Il était une fois un voyageur qui fit naufrage sur une île lointaine, qui n'avait jamais été explorée.

Les insulaires, gens bienveillants, après l'avoir ramené sur le rivage, quasi noyé, s'occupèrent de lui, et il guérit grâce à leurs soins.

Son attention commença bientôt d'être attirée par un fait étrange. Les habitants de l'île, par comparaison avec lui, avaient la mémoire courte, très courte en vérité. Il leur était, de ce fait, difficile d'enregistrer, de comparer et d'échanger informations et données d'expérience. Chaque génération devait donc tout réapprendre, et dans bien des cas chacun devait vivre la même chose maintes et maintes fois avant de pouvoir tirer profit de sa propre expérience.

Le voyageur remarqua aussi que s'il portait le manteau dans lequel on l'avait enveloppé lorsqu'il avait échoué sur le sable, cela l'aidait à garder la mémoire : elle faiblissait sans cela de plus en plus.

Il prit conscience du fait que le vêtement neutralisait

d'une façon ou d'une autre l'ambiance du lieu, car c'était cette ambiance qui provoquait et entretenait l'amnésie.

Ce manteau devint en quelque sorte, aux yeux des gens de l'île, qui le respectaient avant tout pour sa mémoire, « la robe d'honneur de l'étranger ».

C'est alors qu'il décida de confectionner à leur intention des robes sur le modèle de la sienne. Il s'efforça de les persuader qu'il serait bon de les porter. Mais cela allait à l'encontre de leurs coutumes. Beaucoup, par ailleurs, étaient hostiles au port de ce vêtement qu'ils associaient au grand « pouvoir » dont leur visiteur était investi, à son statut supérieur.

Il parvint toutefois à en inciter quelques-uns à porter la robe. Ceux-là, à condition qu'ils fassent en même temps l'effort souvent oublié de se rappeler, se trouvèrent désormais dotés de souvenirs.

La plupart des habitants de l'île continuèrent de ne pas porter la robe. Certains l'affectionnaient au contraire, sans faire les efforts nécessaires. Avec le temps, tout ce qui resta réellement de ce savoir et de son application fut l'expression, propre à leur langue, « endosser le manteau », ou « revêtir la robe », qui dénotait la distinction et l'autorité.

Comme tous les hommes, partout, les habitants de l'île avaient confondu distinction, autorité, élégance et prestige, avec ce qui en est la base : l'aptitude.

L'île existe toujours. La population de l'île aussi. Le voyageur a poursuivi son chemin.

Les robes de cérémonie continuent de remplir les fonctions décorative, ritualiste et de stimulation émotionnelle dont les gens pensent maintenant qu'elles leur sont inhérentes.

*
**

Le sommeil est aux chasseurs ce que l'excitation est aux élèves.

Proverbe

CEUX DONT L'HISTOIRE NE PARLE PAS

Ibrahim Yakubov tenait une petite boutique en ville. Il ne jouissait pas d'une grande popularité auprès des gens, car il ne passait pas grand temps avec les autres, et l'on ne savait pas grand-chose sur lui.

Personne ne savait ce qu'il faisait dans sa maison, tout le monde aurait bien voulu le savoir. Personne ne savait quel était son sentiment sur ce qui intéressait les gens, et ce qu'il en pensait. Tous les autres habitants de cette ville passaient leur temps à parler de ce qu'ils pensaient et de ce qu'ils ressentaient.

Quand Yakubov mourut, ils trouvèrent chez lui un beau tapis qu'il avait lui-même tissé.

« Il n'aurait pas pu faire ça, dirent-ils : cet homme-là était trop terre-à-terre, il n'avait pas de cœur. »

Un jour un « homme de cœur » arriva dans la ville, et il tint ses habitants sous le charme, et à la fin les détruisit : n'avaient-ils pas décidé que les « gens de cœur », comme ils disaient, étaient bons, et les autres, mauvais ?

*
**

Si tu ne peux te soumettre, tu résisteras une fois de trop.
Proverbe

La légende du bouvier

Il était une fois un éleveur de bétail qui avait quitté sa terre natale et s'en était allé très loin gagner sa vie et partager son savoir et son savoir-faire avec les éleveurs d'autres régions.

Quand il eut atteint le pays où il avait décidé de se fixer, il se présenta comme un expert en bétail. Les éleveurs lui firent fête, car ils étaient très désireux d'apprendre ce qu'il savait.

« Nous sommes heureux de te connaître, dirent-ils. Nous-mêmes sommes des spécialistes des vaches et des bœufs, et nous avons besoin de gens comme toi, bien que ce pays ne soit pas propice aux bovins : ils tombent très souvent malades, et malgré toute notre science, nous ne pouvons les sauver. »

Il leur demanda :

« Et comment nourrissez-vous vos animaux, comment les soignez-vous ? »

Ils lui décrivirent leurs méthodes, et il vit immédiatement

qu'ils empêchaient en fait leurs troupeaux de se multiplier et de prospérer, à cause de conceptions profondément ancrées mais dénuées de tout fondement concernant la nature et l'élevage du bétail.

Ils imaginaient servir leurs troupeaux, mais leurs sentiments personnels comptaient bien plus pour eux que la nécessité d'élever le bétail de la bonne manière.

Quand il essaya d'attirer leur attention sur ce point, ils parurent si horrifiés, si consternés qu'il fut obligé de dire : « Je ne faisais que plaisanter, bien sûr vous avez raison de traiter vos animaux comme vous le faites. »

Parce qu'il avait dit cela, ils lui permirent de s'occuper de leurs vaches et de leurs bœufs. Ils finirent même par le nommer administrateur principal du bétail.

L'étranger était désormais un expert reconnu dans son pays d'adoption. Mais pour ce qui était de pouvoir exercer son vrai talent – son aptitude à veiller sur le bétail et à le soigner –, il se trouvait dans une situation fort difficile.

Quand les animaux étaient malades, il était contraint par les prescriptions officielles de les soigner avec des remèdes fameux mais inefficaces. Aussi devait-il passer un tiers de ses nuits, au lieu de se reposer, à faire la tournée des étables pour administrer aux troupeaux le traitement curatif approprié.

Puisqu'il devait aussi nourrir le bétail avec des aliments incomplets – ceux que ces gens considéraient comme les meilleurs –, il lui fallait consacrer un autre tiers de son temps libre à donner en secret au bétail la nourriture dont celui-ci avait réellement besoin.

Du temps normalement réservé au repos, toujours il ne disposa que d'un tiers.

Ce mode de vie abrégea ses jours, mais il acquit un grand renom parmi la gent bétaillère, qui voyait en lui un modèle des vertus propres à la sagesse bétaillère, modèle inscrit au cœur de leur histoire et de leurs idéaux.

Les troupeaux de bovins se développèrent et prospérèrent. Après sa mort, les gens de bétail, perplexes, appliquèrent avec un zèle renouvelé ce qu'ils imaginaient être les solutions correctes permettant d'assurer le bien-être de leurs troupeaux, mais les animaux tombèrent malades et moururent plus souvent encore qu'avant la venue de l'éleveur.

Or celui-ci avait un fils, auquel il avait fait jurer le secret, et ce fils le remplaça le moment venu. C'est ainsi que fut maintenu, envers et contre tous, le bien-être des gens, et celui de leurs vaches et de leurs bœufs.

*
**

Le meilleur joueur, c'est celui qui observe le jeu : demandez-lui.

Proverbe

Le handicap

Un Persan, fabricant de tapis, défia un Turc, maître dans cet art.

Chacun devrait fabriquer de ses mains le plus beau tapis qu'il pourrait et le soumettre à un jury qui désignerait le vainqueur.

Or ce Turc était philosophe. Son enseignement s'était condensé au fil des ans en ces quelques mots : « Ne refuse jamais, mais ne te bats jamais. »

Aussi accepta-t-il le défi, ajoutant toutefois :

« Je dois poser une condition, puisqu'il est notoire que ton travail et le mien ne sont pas de même niveau.

– Mais certainement, dit le Persan, je suis prêt à accepter un handicap.

– Très bien, dit le maître turc. Voici la condition : je te donne une avance de douze mille ans. »

*
**

Sois un tigre, si tu es prêt à affronter les problèmes du tigre.

Proverbe

Comment cela se passe

Il était une fois un vénérable derviche qui savait ne pas donner attention aux mille et un tracas de la vie, et les gens du pays le respectaient beaucoup à cause de cela.

Ils décidèrent un jour de faire une collecte à son profit. Avec l'argent recueilli ils achetèrent un mouton, qu'ils lui offrirent. Le derviche emmena l'animal dans sa retraite et s'en occupa soigneusement.

Un voleur, ayant appris que le vieil homme avait un mouton, résolut de le voler. Il prit la route qui menait chez lui. Chemin faisant, il rencontra un diable. Il lui demanda où il allait.

« À vrai dire, dit le diable, je me dirige vers la grotte du derviche untel. Il se met en travers du processus normal des faiblesses humaines, aussi ai-je décidé de le tuer.

– Nos buts ne divergent pas fondamentalement, fit observer le voleur. Je me rends moi-même chez ce derviche : je me suis donné pour mission de dérober son mouton. »

Ils cheminèrent quelque temps en silence et bonne intelligence.

Au bout de quelques heures, le diable se prit à réfléchir. « Si je laisse faire le voleur, et qu'il prenne le mouton d'abord, il risque de réveiller le derviche. Or il me faut le surprendre dans son sommeil. »

Le voleur, quant à lui, au même moment pensait : « Si je laisse ce diable pénétrer chez le derviche le premier, il risque de semer la perturbation et de réveiller les gens du voisinage, qui pourraient bien m'empêcher d'emporter le mouton, et j'aurai perdu mon temps. »

Quand ils furent arrivés près de la caverne du derviche, le diable dit au voleur :

« Laisse-moi entrer le premier, je pourrai tuer notre homme, tu n'auras plus qu'à te donner la peine d'aller cueillir ton mouton.

– Non, dit le voleur, laisse-moi faire d'abord, que j'emporte le mouton : je pourrai te dire si le derviche est éveillé ou non. »

Une dispute se déclencha, ils se mirent à échanger des coups, puis à se crier des injures, si fort que le derviche vint à l'entrée de la grotte voir ce qui se passait.

À la vue de l'ermite, le diable, fou de rage contre le voleur, cria :

« Prends garde, derviche ! C'est un voleur, il s'apprête à voler ton mouton ! »

Le voleur, furieux contre le diable, révolté par son impudence, hurla :

« C'est un diable, il s'apprête à te tuer ! »

Tandis que le derviche les observait, les gens du voisinage, réveillés par le vacarme, accoururent en foule et entourèrent les deux énergumènes. Ils les bourrèrent tant de coups de poing qu'ils s'enfuirent.

Cela se passait il y a bien des siècles. Depuis lors jamais diable ni voleur ne se sont aventurés dans la région.

*
**

Un poisson qui a faim ne refuse jamais d'en manger un autre.

Proverbe

TROIS VILLAGES

Il était une fois un sage qui partageait son temps entre trois villages.

Il donna des directives aux gens du premier village, après les avoir répartis en groupes : il ne s'adressait qu'à un seul groupe à la fois ; à chacun il dit et montra un certain nombre de choses, et indiqua des observances à accomplir.

Il passait beaucoup de temps loin de ce village. Une des conséquences de ses absences prolongées fut que les villageois se divisèrent en groupes plus petits encore. Les uns croyaient qu'il reviendrait, les autres se sentaient délaissés ; d'autres inventèrent un enseignement de leur cru ; d'autres encore se servaient de son nom pour influencer leurs concitoyens. Beaucoup virent leur résolution faiblir du fait de ses absences.

Le sage passait la majeure partie de son temps dans un second village. Les chercheurs venaient lui rendre visite, et fréquentaient avec assiduité son lieu de contemplation. Ceux-là chantaient ses louanges. Toujours ils semblaient faire ce qu'il leur demandait. Et ils croyaient être en harmonie avec lui et les uns avec les autres.

Le sage se rendit par la suite dans un troisième village. Un jour, il emmena quelques-uns de ses nouveaux élèves dans le premier, puis dans le deuxième village.

« Le premier village est dans l'état où nous l'avons trouvé parce que tu n'as pas accordé assez d'attention à ses habitants. Tu dois prendre soin d'eux, dirent les nouveaux venus, pensant avoir compris où il voulait en venir.

« Regarde comme les gens se conduisent bien dans ce village-là où tu passes beaucoup plus de temps », poursuivirent-ils.

Le sage leur dit :

« Au contraire. Il faut laisser les gens tranquilles de temps en temps, pour voir ce qu'ils valent réellement, et leur donner la possibilité de se voir. On agite le contenu du récipient pour mélanger, mais aussi pour que se forment l'écume et la lie. Si vous passez tout votre temps avec eux, ils s'habituent à vous, et, en votre absence, ils n'ont aucune autonomie. C'est le cas dans le premier village. Dans le second, cette capacité d'autonomie est indiscernable, puisqu'elle n'est jamais mise à l'épreuve.

– Alors, demandèrent les observateurs, quelle est la meilleure méthode ?

– Aucune. Chacune est une partie incomplète d'une méthode totale. Pour qu'il y ait apprentissage, ceux que l'on voit souvent doivent se mêler à ceux que l'on voit moins souvent. Et certains de ceux qui, comme vous, sont enclins à interpréter à contresens, peuvent aussi jouer leur rôle dans le processus. »

*
**

Si vous voulez savoir ce qu'il vaut, prenez le contre-pied de ce qu'affirment ses adversaires.

Proverbe

LE SUTRA DE LA NÉGLIGENCE

C'est la tâche de Khidr, le Guide caché, de parcourir la Terre d'âge en âge, sous des aspects divers, et d'inciter l'homme à penser d'une manière telle qu'il ait une possibilité de rassembler son moi dispersé.

Il était une fois trois hommes que Khidr devait mettre à l'épreuve.

Le premier était atteint d'un terrible mal. Khidr alla vers lui.

« Que veux-tu ? lui dit-il.

– Je souffre, je voudrais être soulagé.

– Et quoi d'autre ?

– Je voudrais avoir de l'argent, et du succès. »

Khidr lui accorda les deux souhaits.

Ayant entendu les supplications d'un deuxième homme, Khidr alla vers lui et lui dit :

« Que veux-tu ?

– Je ne veux qu'une chose, dit cet homme : que mon

ami et conseiller, que ses ennemis ont capturé et torturent, soit libéré, car il est sur le point de mourir.

– Et que veux-tu encore ?

– Je voudrais avoir du bien, pour être respecté de mes semblables. »

Khidr lui accorda ses deux souhaits.

Puis Khidr alla vers le troisième homme, qui désirait très fort quelque chose.

« Que veux-tu ? lui dit-il.

– Je veux que mes enfants soient protégés, car ils vivent dans la peur et la terreur.

– Et que veux-tu encore ?

– Je veux le prestige, afin d'imposer le respect et d'avoir une vie sans problèmes. »

Khidr lui accorda ce qu'il voulait.

Des années plus tard, Khidr revint voir ce que les trois hommes avaient fait de leur vie, et comment ils vivaient la vie.

Il se présenta chez le premier, revêtu d'un déguisement.

« Je suis un pauvre voyageur, dit-il, j'ai besoin d'aide et d'argent pour atteindre ma destination. J'ai encore une grande distance à parcourir, et tu es mon dernier recours.

– Tu me prends pour un banquier ! s'exclama le premier homme. Car il avait tout fait pour oublier le temps où il n'était lui-même qu'un indigent.

« Je ne peux rien te donner... à moins que tu puisses m'aider, parce que ces dernières années, bien que j'aie de l'argent, je me suis mis à boiter.

– Tu ne te souviens pas de moi ? insista Khidr.

– Non, fit l'homme, je ne me souviens pas de toi. Va-t-en ! »

Alors Khidr alla voir le deuxième homme, qui était dans une situation prospère.

« Je suis un pauvre voyageur, lui dit-il, j'ai besoin de ton aide, car beaucoup sont dépendants de moi, et je dois atteindre ma destination : je pourrai les aider par mon travail quand j'y serai parvenu.

– Mais tu n'appartiens pas à la même communauté que moi, fit remarquer le deuxième homme. Je ne peux aider que mes frères, ceux qui obéissent aux lois auxquelles j'obéis. Pourquoi devrais-je te secourir ? »

Khidr se remit en route. Il arriva bientôt à la porte du troisième homme.

« Il se peut que tu m'aies oublié, dit-il. Un jour je t'ai aidé : tu voulais protection pour tes enfants, et tu désirais aussi inspirer le respect et réussir dans la vie. »

L'homme le regarda avec attention.

« Je n'ai aucun souvenir de cette affaire, dit-il enfin ; car il avait tout oublié.

« Mais je veux bien t'aider : pourquoi donc ne devrais-je donner qu'en paiement d'une dette ou dans l'attente d'un profit personnel ! »

Un théoricien de la tradition soufie, superficiel et moralisateur, qui se trouvait là, s'en prit à Khidr et l'injuria sans ménagement.

« Cet homme est mon ami, et c'est manifestement un saint, lança-t-il. Tu as entendu ce qu'il a dit ? Tu devrais avoir honte d'avoir tenté de manipuler ses sentiments comme tu l'as fait ! »

Remède

Il était une fois un derviche qui avait passé de nombreuses années à mettre au point un remède contre la maladie dont souffrait un homme riche. Tout excité d'avoir réussi la préparation, il partit la porter au malade sans consulter son mentor soufi (pour s'assurer que l'état des choses n'avait pas changé).

Dans un caravansérail où il s'était arrêté pour la nuit, il lia conversation avec un voyageur, lui révéla la formule du remède et s'étendit avec lui sur les effets extraordinaires de sa découverte.

Or cet homme était un vaurien. Dès que le derviche se fut endormi, il vola le médicament, lui substitua du jus de grenade sucré et fila à toutes jambes guérir le malade, mû par l'espoir d'une récompense.

Le voleur administra à l'homme riche une dose du médicament : l'état de celui-ci empira immédiatement. Le voleur s'éloigna à pas de loup, persuadé que le derviche était fou, et son remède inefficace. Certes, il connaissait la recette. Mais à quoi bon ? À la réflexion, il s'estimait heureux de n'avoir point été démasqué. Et puis les domestiques du patient auraient pu l'accuser de charlatanisme, le rouer de coups...

Quand le derviche arriva au chevet du malade, il lui donna ce qu'il ignorait être du jus de grenade. Celui-ci en but une grande gorgée, et se leva, guéri.

*
**

Si une goutte tombe, pourquoi pas deux ?

Dicton

AU PAYS DES IDIOTS

Il était une fois un homme qui, s'étant égaré, sortit de son pays et se retrouva dans le monde que l'on appelle parfois « le pays des idiots ».

Il vit peu après des gens épouvantés s'enfuir d'un champ où ils venaient d'entrer pour moissonner le blé.

« Un monstre est tapi dans ce champ », lui dirent-ils. Il alla voir, et découvrit que c'était une pastèque.

Il leur proposa de tuer le « monstre ».

Prenant son couteau, il coupa la tige, puis se servit une tranche, et se mit à la manger. Les gens furent encore plus terrifiés à le voir manger le monstre qu'ils l'avaient été face à la pastèque. Ils le chassèrent avec leurs fourches à foin, criant : « Il nous tuera ensuite, si nous ne nous débarrassons pas de lui ! »

Le hasard voulut qu'un peu plus tard un autre homme s'aventure lui aussi au pays des idiots. Les choses commencèrent de se dérouler de la même façon, mais, au lieu de leur proposer son aide, et de tuer le « monstre », il fut d'accord avec eux pour dire qu'il devait être dangereux et s'éloigna avec eux sur la pointe des pieds. C'est ainsi qu'il gagna leur confiance. Il demeura longtemps chez eux, le temps de leur donner, petit à petit, les connaissances de base qui leur permettraient non seulement de ne plus avoir peur des pastèques mais aussi de les cultiver.

*
**

Dès qu'il fait sombre, une bougie, c'est bien assez.

Dicton

CUIRE LE CHOU

Deux voleurs se rencontrèrent un jour au pays des idiots.

Et tous deux de se vanter aussitôt de leurs exploits : ceux qui exercent cette profession sont comme ça !

« Une fois, dit le premier, j'ai volé un chou aussi gros qu'une maison !

– *Moi*, dit le second, une fois j'ai volé une casserole aussi grosse qu'un palais. »

Le premier voleur se renfrogna.

« Et alors, à quoi peut servir une chose pareille ?

– À faire cuire ton chou ! » dit le second voleur.

*
**

Le scorpion ne paie pas de mine, entre deux piqûres !

Dicton

LA BRANCHE

Un nouveau venu au pays des idiots s'aperçut que la branche d'un arbre avait cassé et menaçait de détruire un barrage retenant une grande quantité d'eau. Il saisit la branche et s'y cramponna. Quelques idiots du pays des idiots vinrent à passer à ce moment-là.

« Que fais-tu avec cette branche ? lui dirent-ils.

– Heureusement que vous voilà ! répondit l'étranger. Aidez-moi à la soulever, sans quoi elle va ouvrir une brèche dans le barrage, et nous mourrons tous. »

Ils rirent à en pleurer.

Le plus sage d'entre eux finit par dire :

« Chers amis ! C'est un moment exquis : savourons-le. Non seulement cet homme nous parle d'une branche, et s'imagine que nous sommes assez stupides pour croire qu'elle puisse avoir un quelconque rapport avec un barrage, mais en ravivant ainsi une de nos peurs ancestrales, il pense nous amener à lui obéir ! »

Pris d'un fou rire inextinguible, les gens du pays des idiots s'éloignèrent et disparurent.

Et la fin de l'histoire ? Elle est exactement ce que vous pensez.

*
**

Si vous voyez un écrivain muni de sa plume, ce n'en est pas un.

Dicton

LES FRUITS

On rapporta aux plus sages d'entre les sages du pays des idiots que les arbres avaient donné des fruits. Ils partirent donc pour la cueillette.

Les arbres étaient assurément chargés de fruits : leurs branches traînaient jusqu'au sol.

Dès que les plus sages d'entre les sages furent arrivés sur place, ils se mirent à discuter afin de déterminer quelle espèce récolter d'abord. Ne pouvant se mettre d'accord, ils essayèrent un autre sujet. Ils constatèrent alors qu'ils divergeaient sur le point de savoir s'il fallait détacher le fruit de sa branche avec la main gauche ou avec la main droite. Puis un autre problème, non moins difficile, fut soulevé, qui en fit surgir un autre encore : jusqu'au moment où il apparut que l'on devait prendre du recul et se réunir, pour démêler tout cela, en un lieu plus propice.

Enfin, après que toutes les institutions savantes eurent pleinement contribué au débat, tout fut réglé. Les plus sages d'entre les sages se retrouvèrent sous les arbres.

L'hiver était là. Les fruits étaient tombés et pourrissaient sur le sol.

« Il est fâcheux que l'on ne puisse se fier à ces arbres ! s'exclamèrent les très sages. Ces branches n'avaient pas le droit de se redresser comme ça. Mais peu importe ! De toute façon, nous pouvons le constater, les fruits étaient pourris. »

*
**

Même une tasse de thé, si vous la buvez, vous oblige à lui « répondre ».

Dicton

La formule magique

Par un heureux hasard, les trois hommes les plus sages du pays des idiots rencontrèrent Khidr, le maître caché qui parcourt la Terre, cherchant à qui transmettre sa sagesse.

« Aimeriez-vous connaître la Formule par laquelle tout peut être accompli ? leur demanda-t-il.

– Mais certainement ! » dirent les trois sages.

Khidr leur demanda alors :

« Êtes-vous prêts à l'entendre ?

– Mais certainement ! » dirent les trois sages.

Khidr leur révéla la Formule.

« C'est une formule que n'importe qui pourrait prononcer ! dit le premier sage : cela ne peut être d'aucune utilité ! » Aussi l'oublia-t-il très vite.

« Cette formule est trop inélégante, ce n'est pas à mon goût », dit le deuxième sage, qui s'aperçut presque aussitôt qu'il était incapable de s'en souvenir.

« Elle peut être écrite : elle ne peut donc servir à rien, dit le troisième sage. Elle ne ressemble pas non plus à ce que j'attendais : ce n'est donc pas la bonne espèce de formule magique. »

Ils remarquèrent à ce moment tous les trois qu'une délégation composée de citoyens ordinaires du pays des idiots attendait qu'ils veuillent bien impartir un peu de leur sagesse. Ils laissèrent Khidr et se dépêchèrent d'aller remplir leurs obligations.

COMMENT LE PROUVER

Deux idiots du pays des idiots étaient en conversation.

« Je ne suis pas idiot, dit le premier idiot, je sais multiplier les nombres !

– Je ne te crois pas ! dit le second.

– Je te parie cette pièce d'argent que je le peux.

– Alors vas-y, je t'écoute.

– Voilà, dit le premier : deux plus deux font quatre-vingt-dix-neuf !

– Très bien ! voici ton argent ! »

*
**

D'une paire de chaussures les gens font un chapeau et s'étonnent qu'on leur demande pourquoi ils ne marchent pas sur la tête.

Dicton

Soif

Un homme dit à Humayuni, le sage :

« Dans ma prime jeunesse, je désirais ardemment avoir un maître et recevoir une instruction. Mais je n'en ai jamais trouvé qui m'ait pleinement satisfait, et aujourd'hui je n'en ressens plus le besoin. »

Humayuni lui dit :

« Si tu avais cherché un maître et un enseignement, te contentant de ce que tu trouvais, tu aurais été un *chercheur*. En fait, tant que tu cherchais seulement l'accomplissement d'un désir, tu demeurais réfractaire à tout enseignement. Il arrive que l'assoiffé soit incapable de reconnaître l'eau, l'excès de la soif l'ayant rendu fou.

« Pour trouver l'eau, il n'est pas toujours nécessaire d'accroître ta soif. Ce qui compte, c'est le degré et la nature de la soif au bon moment. »

*
**

Un chameau est cher à deux sous si tu n'as pas deux sous.

Proverbe

L'HOMME ET LE SOUFI

On rapporte que quelqu'un dit à Mulla Jami :

« Tu ne te conduis pas comme un grand poète et un homme de la Voie : comment pouvons-nous savoir si tu es un vrai soufi ! »

Jami répliqua :

« *Toi*, par contre, tu te conduis presque exactement comme un être humain : c'est ainsi que nous savons que tu n'en es pas encore un ! »

*
**

Le chat peut faire ce que le tigre ne peut pas faire.

Proverbe

Le livre

Un jeune homme allait bientôt se marier. Son futur beau-père était un religieux prosaïque, insupportablement pieux.

Le jeune homme alla trouver son mentor soufi. Il lui demanda comment l'on pourrait indiquer au vieil homme le Chemin de la Compréhension.

« Le Chemin lui sera indiqué, dit le sage.

– Mais de quelle manière ?

– La question a été formulée, la réponse viendra, la question est irrecevable, dit le soufi.

– Alors, comment devrais-je me comporter avec mon beau-père... si cette question-là est légitime ? demanda le jeune marié.

– Supporte-le. »

Après que le mariage eut été célébré, les jeunes gens allèrent s'installer dans leur nouvelle maison. Le religieux les accompagnait, portant sur son dos un énorme coffret relié en cuir, avec ces mots inscrits dessus : *La Sainte Récitation*.

Les nouveaux mariés mirent le coffret sur une étagère et le laissèrent là.

Quelques mois plus tard, les choses commencèrent à mal tourner pour le jeune homme. Il perdit son emploi, son maigre capital fondit très vite. Il pensa alors à s'adresser à son beau-père : celui-ci avait de la fortune, il pourrait l'aider à monter une petite affaire et à s'acquitter de dettes de plus en plus lourdes.

« Mais oui ! adresse-toi à ton beau-père », conseilla le sage soufi.

Le jeune homme écrivit une lettre où il donnait au père de sa femme un aperçu de sa situation. Le vieil homme arriva sans délai, accompagné du juge et de deux autres experts.

Quand tout le monde fut réuni dans le salon, le vieil homme se tourna vers son gendre.

« Si tout va aussi mal aujourd'hui pour toi, sermonna-t-il d'une voix chevrotante, c'est qu'à l'évidence tu n'observes pas la Loi sacrée, la *sharia*. »

Ce disant il pointait son index vers le coffret censé contenir le Coran. Il demanda qu'on le descende de l'étagère et qu'on l'ouvre.

« Mais pourquoi dire que nous faisons peu de cas de la Loi ? s'enquit le jeune homme.

– Tu ne lis pas les Écritures », trancha son beau-père.

De fait, quand le coffret fut ouvert, chacun put constater qu'il était rempli de pièces d'or.

Le jeune homme fit alors observer :

« Mais n'est-il pas dit que "la connaissance vaut mieux que la lecture" ? »

Et il expliqua qu'il connaissait le Coran par cœur.

Le juge intervint à son tour.

« Tu m'as amené ici, dit-il au beau-père, pour que je me

prononce sur la question de savoir si ces jeunes gens sont de pieux musulmans. Je ne peux certainement pas dire que tu aies quoi que ce soit à reprocher à ton gendre.

– Non, en effet, dit le patriarche, et je me repens sincèrement, car ce jeune homme, qui, jusqu'à aujourd'hui, s'est abstenu par modestie de mettre en avant son érudition, m'a montré qu'il est meilleur savant que moi, tant en ce qui concerne la conduite qu'en ce qui concerne le savoir. Je m'avoue battu. Dorénavant je m'efforcerai d'apprendre le Coran par cœur. »

Les deux experts s'exclamèrent :

« Excellente est son humilité, admirable la résolution qu'il a prise de parfaire son érudition !

– Mais, fit remarquer le juge, ne dit-on pas aussi que "l'humilité publique cesse d'être de l'humilité dès l'instant qu'elle est exhibée" ?

– Pourtant, qu'y a-t-il de mieux que suivre l'exemple de quelqu'un qui ne se contente pas de lire le Coran, mais s'est donné la peine de l'apprendre par cœur ? insista le patriarche.

– Parce que l'exhibition est destructrice de l'accomplissement véritable, je te répondrai en privé », dit le juge.

Le vieil homme, l'ayant entendu, déclara :

« Sans cela, je serais devenu quelqu'un dont le savoir ne vient que des livres. Je suivrai à l'avenir le chemin des soufis, hommes d'être et de pratique. »

Il devint un soufi. Sa vie a illuminé, et imprègne encore, les pensées et les actes des Gens de la Voie.

Voici ce que le juge avait dit au vieil homme :

« Toi et tes pareils, les intellectuels, vous lisez le Coran. Le jeune homme le connaît par cœur. Mais ta fille, son épouse, elle pense et vit en accord avec le Livre, bien qu'elle ne sache ni lire, ni écrire, ni débattre, ni réciter. »

*
**

Personne ne vient chez le derviche réclamer l'impôt foncier et la taxe d'habitation.

Saadi

L'ÉTAT DE DERVICHE

Abul Hasan l'a dit :

« Penser aux affaires de ce monde, cela est étranger à l'essence de la voie derviche.

« Penser à l'autre monde, cela est étranger à l'essence de la voie derviche.

« Il y a le même rapport entre ce monde et l'autre monde qu'entre hier et demain.

« Aujourd'hui – quelque chose de similaire mais ayant sa propre individualité –, c'est cela la voie derviche. »

*
**

Un problème résolu est aussi utile à l'esprit humain qu'une épée brisée sur un champ de bataille.

Proverbe

LA SALLE DE RÉFLEXION À DOUCHANBÉ

Voici comment furent carrelés les murs de la « salle de réflexion » (*dar el fikr*) de Douchanbé.

Hamid Parsa demanda à ses disciples, dont certains étaient carreleurs, de faire le nécessaire pour que la salle de réflexion soit carrelée.

Les travaux commencèrent mais des obstacles divers vinrent en retarder l'achèvement.

De temps en temps, Hamid Parsa s'informait de leur avancement. Le maître carreleur finit par lui dire :

« Ô Éclaireur (Rahnuma), nous n'avons pas assez d'hommes et nous n'avons pas réussi à carreler les murs et nous pensons qu'il vaut mieux le dire maintenant, puisqu'un temps si long s'est écoulé, et que tu voudras sans doute prendre d'autres dispositions afin que la salle soit terminée pour l'usage auquel tu la destines. »

Hamid Parsa répondit :

« Très bien. Abandonne ce travail, je prendrai mes dispositions pour son achèvement. »

D'autres tâches furent assignées aux artisans. Deux ans plus tard, Hamid Parsa les fit venir et leur montra la salle de réflexion. Les murs étaient revêtus de carreaux de faïence vernissée. L'ouvrage, d'une exécution parfaite, était d'une stupéfiante beauté.

Ce n'est qu'après la mort d'Hamid qu'on découvrit la vérité : s'il s'absentait aussi souvent de la tekkia, c'est qu'il passait son temps dans une tuilerie où il fabriquait lui-même les carreaux nécessaires ; puis il en revêtait les murs, sans en souffler mot à quiconque, excepté à certains auxiliaires auxquels il avait demandé de n'en rien dire.

Quelqu'un interrogea Miran Jan, son successeur, à ce sujet :

« Pourquoi l'Éclaireur ne nous a-t-il pas révélé qu'il avait fait ce travail lui-même ? »

Miran répondit :

« Il m'expliqua que s'il vous l'avait dit, vous auriez eu l'impression qu'il vous en faisait reproche, or vous n'étiez pas en état de tirer profit des reproches. Il me dit aussi : "Leur paresse, déguisée en admiration, les aurait amenés à me considérer comme une sorte de prodige. Leur problème, c'est la paresse ; pour moi, il y avait une nécessité : le revêtement des murs. Alors, j'ai travaillé au carrelage, et je leur ai donné les tâches qui pouvaient les aider à réduire leur paresse." »

*
**

Il y a pire que l'homme qui se vante : l'homme qui se plaint.

Proverbe

L'APPRENTISSAGE DES IMMATURES

Un homme, étant venu voir Khwaja Ahrar (« Maître des Affranchis »), lui posa une question.

Dès que le khwaja lui eut donné la réponse, il demanda la permission de s'en aller, et quitta l'assemblée.

« Il a eu la sagesse de poser la question, dit Ahrar.

– Savait-il pourquoi il la posait ? demanda Allama Sadrudin.

– Il ne savait pas, mais une part de lui-même savait. »

Sheikh Mustafa Najur remarqua :

« Il a été assez sage pour partir dès qu'il a obtenu l'information dont il avait besoin. »

Ahrar répliqua :

« C'était une autre part de lui-même. Il pensait qu'il devait partir à temps pour assister aux prières de l'assemblée des fidèles, à la grande mosquée. »

Haidar Gul demanda :

« Un homme peut-il être sage au-dedans, dans une

certaine part de lui-même, alors qu'il a en général l'impression d'être immature ?

– S'il n'en était pas ainsi, dit le Maître Ahrar, aucun homme ne pourrait atteindre à la plénitude de la sagesse. »

Empressement et respect

Musa Farawani dit à Daud, fils de Zulfi :

« J'ai servi Sharif Abdalmalik pendant vingt ans, et il ne m'a témoigné que de l'indifférence. J'ai persévéré cependant, espérant comprendre un jour pourquoi il faisait si peu attention à moi, mais je n'ai jamais pu résoudre ce mystère. »

Daud, fils de Zulfi, répondit :

« Le servais-tu avec le même empressement que tu aurais montré s'il avait été le roi ?

– Je ne crois pas.

– Le servais-tu aussi fidèlement qu'un artisan sert l'œuvre qui sort de ses mains ?

– Je ne crois pas.

– Le servais-tu avec l'empressement que tu aurais montré s'il s'était agi d'un fonctionnaire de haut rang ou d'un chef militaire, toi n'étant qu'un fonctionnaire subalterne ou un simple soldat ?

– Je ne crois pas.

– Eh bien, il attendait que tu manifestes ces formes de service. Le sharif, serviteur du Très-Haut, ne pouvait accepter un service moindre que ce qui est manifesté aux niveaux inférieurs.

« Tu appelles “mystère” ce que tu ne veux pas voir. Tu appelles “service” ce qui n’est *pas* le service. Tu n’as pas encore commencé de servir : tu ne peux donc demander pourquoi ton “service” inexistant n’a pas été accepté. »

Les infirmes

Des gens criaient sur la place publique :

« À bas le Trône ! »

Ils se trouvèrent face à une escouade de soldats de la garde royale, qui les malmenèrent et tentèrent de les faire prisonniers.

Sufi Zafrandoz, accompagné de quelques élèves, observait la scène.

« Qui devrions-nous aider ? demanda un élève.

– Les infirmes ! dit Zafrandoz.

– Qui sont les infirmes ?

– Les uns et les autres. Les premiers sont incapables de cesser de s'opposer au pouvoir. Les seconds sont incapables de cesser de s'opposer aux premiers.

« Ceux qui sont handicapés de cette manière sont frappés d'une incapacité qui est une entrave. Ils sont mentalement éclopés, comme un boiteux est physiquement éclopé. Pourquoi donc plaignons-nous et essayons-nous d'aider seulement les handicapés physiques, qui ne sont, eux, qu'une minorité ? »

NOMS

On demanda à Anwar de Nishapur :

« Dis-nous quelle sorte de soufi nous devrions éviter. »

Anwar répondit :

« Le vrai soufi, vous ne pouvez pas l'éviter. Mais si vous voulez éviter certaines personnes, alors évitez ceux qui font eux-mêmes usage de titres comme *murshid* (guide) et qui ne laissent pas aux autres le soin de les appeler ainsi. »

*
**

Ils se sont teint les cheveux et craignent que cela puisse affecter le cerveau. Mais souvent ce sont des têtes sans cervelle.

Proverbe

RÉPÉTITION

Un idiot vint voir Abdullah Manazil et lui posa une question. Manazil y répondit. Quand il eut fini de parler, l'idiot lui demanda de redire ce qu'il venait de dire.

« Tu m'as posé une question, dit Manazil, et j'ai été malavisé de penser que tu comprendrais la réponse. Et maintenant tu me demandes de répéter mon erreur ! »

*
**

Je vis un homme se noyer dans l'Oxus – c'était, je crois, un homme de Samarcande –, et il criait et hurlait : « Hélas, mon bonnet et mon turban ! »

Saadi

BRIQUES ET MURS

Ils demandèrent à Minai :

« Que doit-on penser du travail des maîtres du passé ? Nous lisons leurs livres, les comptes rendus de leurs faits et gestes et de leurs enseignements, tels qu'ils nous ont été rapportés. Nous faisons leurs exercices, visitons les lieux où ils ont enseigné, où ils sont enterrés. Certains disent : "Ne visitez pas les tombeaux", d'autres : "Ne lisez pas de livres." »

Minai répondit :

« La similitude de cette situation est comme celle d'un mur solide construit dans le passé. Les anciens maîtres sont les maçons originels, les maîtres actuels sont les maçons actifs. Les disciples sont pareils au peuple, pour la protection duquel les maçons ont œuvré.

« Les maçons ont édifié des murs, dirons-nous, pour définir certaines limites. Ces limites, en certains cas, sont encore là. En d'autres cas, les délimitations ont changé. Les maçons actuels en fixent de nouvelles. De même, des murs ont été construits autrefois pour protéger les gens. Les climats et les vents peuvent avoir changé, les gens aussi peuvent avoir changé. Ils considèrent le mur, et se demandent comment il pourra les protéger. Mais cet ancien mur ne peut plus les protéger.

« Les maçons actuels prennent donc les briques, et bâtissent des murs appropriés aux hommes de ce temps. Les livres sont les briques. Certains maçons vous demandent de lire tel et tel livres. C'est leur instruction, car ils peuvent vous indiquer quel mur construire. Certains disent : "Ne lisez pas de livres", voulant dire par là : "Ce n'est pas le mur que nous devons construire", ou même : "Nous n'en sommes pas encore au stade de la construction d'un mur." »

LE TROU ET LE FIL

On interrogea un grand soufi à propos du rôle et de la position de quelques-uns de ses prédécesseurs.

Il dit :

« Pour ériger un petit édifice, vous devez d'abord creuser un grand trou.

« Pour fabriquer un grand tapis, vous devez commencer par un seul fil.

« Quand vous pouvez voir l'édifice ou le tapis, votre question a sa réponse.

« Mais quand votre question concerne le trou dans le sol et le fil dans la main, vous ne pouvez recevoir d'autre réponse que cette parabole. »

*
**

C'est *ma* main, et c'est *ma* bouche.

Proverbe

L'ÉCUREUIL

Maulana Bahaudin se promenait avec Alaudin de Nishapur. Ils longeaient un talus herbeux. Alaudin dit au maulana :

« Je voudrais savoir pourquoi tu as retiré aux élèves la jouissance de si nombreuses pratiques habituelles dans le soufisme. Peut-être as-tu raison, et je suis le premier à reconnaître que tu as probablement raison, quand tu dis que ces pratiques sont sans valeur. Mais tu ne laisses rien aux gens si tu ne permets pas que leur compagnie soit pour eux source de joie. »

Bahaudin lui dit :

« Une scène se déroule à l'instant sous nos yeux. Observe-la. Tu auras ta réponse si tu sais la comprendre, estimé défenseur des plaisirs légitimes. »

Devant eux de jeunes garçons étaient en train de jouer. Ils avaient capturé un écureuil, lui avaient lié les pattes et se le lançaient, comme si ç'avait été un ballon. Ils couraient çà et là, ils riaient aux éclats, le plaisir et l'excitation se lisaient sur tous les visages.

C'est alors qu'un jeune homme, voyant ce qu'ils faisaient, quitta le chemin et courut vers eux. Il s'empara de l'écureuil, délia les cordes qui tenaient ses pattes attachées, et le relâcha. Les joueurs étaient furieux maintenant contre celui qui avait interrompu le jeu-de-l'écureuil. Ils lui lancèrent une bordée d'injures.

Alaudin nous a laissé ce commentaire :

« Sans cette démonstration, je n'aurais jamais pris conscience, j'en suis sûr, du caractère relatif et des dangers cachés de ce que nous supposons être des plaisirs légitimes. Mais depuis ce moment-là, j'ai souvent constaté, tout au long de ma vie, que ce qui paraît souhaitable est accompli aux dépens de quelque chose d'autre, et que ce qui plaît aux gens, même aux gens "sincères", peut se révéler mettre en appétit un vice insoupçonné. »

*
**

Vous voulez savoir qui est le plus courageux d'entre les lâches ?

C'est celui qui ose le premier donner un coup de pied au lion déchu.

Proverbe

Comportement

On demanda à Arif de Damas :

« Combien y a-t-il de façons de se comporter envers les visiteurs ?

– Deux, dit Arif. La première, c'est celle qui fait que les gens ont envie de rester chez vous. La seconde, c'est celle qui leur donne envie de partir. Il n'y a pas de comportement qui communique quelque chose de plus que cela, l'amitié ou l'hostilité, telles que les gens les connaissent, ceux qui n'en ont plus besoin mis à part. »

*
**

La boue

Le faux élève, c'est celui dont les yeux sont rivés sur le ciel, parce qu'il a les pieds enfoncés dans la boue.

Dicton

PAROLES DE BAHAUDIN NAQSHBAND

Beaucoup de choses sont invisibles aux gens parce que leur nature réelle est inattendue. On ne s'attend pas que la soie vienne des vers.

Parce qu'ils ont saisi ce point, certains croient pouvoir exercer la prévision, l'attente. Mais l'attente peut réduire la visibilité de quelque chose, jusqu'à le rendre invisible, en faisant de l'observateur un obsédé.

L'inattendu est un aspect de l'attente. "Je ne m'attendais pas à cela" signifie : "Je m'attendais à autre chose."

L'attente seule est inefficace. Celui qui "s'attend" doit être informé.

*
**

Ce que l'homme supérieur assimile à la tyrannie peut sembler être la justice à l'homme ordinaire.

Proverbe

GÉNÉALOGIE

Un aristocrate arrogant tomba dans un puits. Il resta suspendu à une branche juste au-dessus de la surface de l'eau, priant et appelant au secours.

Quelqu'un, l'ayant entendu, arriva presque aussitôt.

« Prends-moi la main, dit l'inconnu, je vais te sortir de là.

– Un instant ! dit l'aristocrate, poussé par l'habitude, il me faut d'abord connaître ton nom.

– Mon nom, si cela a une quelconque importance, est Omar, fils de Zaid, de la tribu de Hashim.

– Bien sûr que cela a de l'importance, dit l'aristocrate, en prenant la main tendue, mais il me faut savoir si tu fais remonter ta famille à Ali Reza ou à Musa Kazim.

– Eh bien, s'il le faut, il le faut, dit Omar. Je vais aller vérifier. »

Il lui lâcha la main et rentra consulter son arbre généalogique.

Quand il revint, l'autre s'était noyé.

UN DES NÔTRES

Un théologien se retrouva à l'entrée des Jardins du Paradis. Il avait pieuse mine. L'ange de service lui posa une ou deux questions pour la forme, puis il lui dit :

« Tu peux passer, cher ami, entre dans le Jardin.

– Doucement ! mon garçon, fit le religieux. Je suis un croyant éminent, irréprochable en religion, renommé pour son intelligence, et c'est toujours moi qui décide : je ne laisse personne décider pour moi. Comment peux-tu prouver que ceci *est* le Paradis, et non pas un miroir aux alouettes. Réfléchis bien avant de répondre. »

L'ange agita la sonnette, des gardes angéliques se présentèrent.

« Faites-le entrer, s'il vous plaît. C'est un des nôtres, aucun doute là-dessus ! »

*
**

Avant de pouvoir mesurer l'étendue de ton ignorance, sache qu'il te faut beaucoup apprendre.

Proverbe

Trois raisons

Il était une fois un conquérant puissant. Il était devenu empereur d'un vaste territoire dont les populations se partageaient entre plusieurs croyances.

Ses conseillers lui dirent :

« Grand roi, une délégation de penseurs et de prêtres des différentes confessions a demandé audience. Chacun espère te convertir à la philosophie de son école. Aussi sommes-nous dans l'embarras : nous ne pouvons te conseiller d'adopter le système d'idées d'un groupe particulier, puisque cela t'aliénerait la sympathie de tous les autres.

– Pour ma part, dit le roi, je pense qu'il n'est pas convenable qu'un roi adopte des croyances pour des raisons politiques, et sans égard pour sa dignité et son bien-être supérieurs. »

Les débats se poursuivirent des heures. Alors s'avança un derviche avisé qui s'était attaché à la suite du roi plusieurs mois auparavant et n'avait depuis lors prononcé un seul mot.

« Majesté, dit-il, je suis disposé à proposer une ligne de conduite qui permettra de sauvegarder les intérêts de toutes les parties. Les délégués seront confondus ; les courtisans, anxieux de trouver une solution, seront soulagés ; le roi pourra soutenir sa réputation de sagesse, et personne ne pourra prétendre exercer son emprise sur l'esprit du souverain. »

Le derviche lui souffla quelques mots à l'oreille. Le roi ordonna que l'on fasse entrer la délégation dans la salle du trône.

Il reçut les religieux et les penseurs avec la plus extrême courtoisie, puis leur dit :

« J'écouterai pour commencer les arguments de ceux parmi vous qui ne disent pas “Croyez, ou vous êtes en danger”, ou bien “Croyez parce que cela vous apportera le bonheur”, ou encore “Adoptez mes croyances puisque vous êtes un grand roi”. »

Les délégués se retirèrent en désordre.

Exil

Imadudin Shirazi reçut l'ordre de quitter la Perse pour avoir soutenu, à l'encontre des opinions professées par les érudits qui avaient l'oreille du Shah, que certains poètes anciens étaient des soufis.

Il envoya une lettre au roi.

« L'ordre de Sa Majesté est accepté en toute obéissance. L'insignifiante personne qui écrit cette lettre quittera le domaine impérial sans retour, honorée d'avoir été remarquée par quelqu'un dont le pouvoir est supérieur à celui de Dieu. »

Le Shah le somma de justifier ces propos hérétiques.

« Le Shah peut me mettre à la porte de son royaume, dit Shirazi, mais Dieu, Souverain de l'Univers, ne peut exiler un homme hors de sa juridiction. Quiconque peut exiler les gens a des pouvoirs qui dépassent ceux de Dieu. »

*
**

Depuis quand un tigre va-t-il à la chasse aux souris ?

Proverbe

LE MÉDICAMENT

Sur son lit de mort un maître soufi remit à son disciple une liasse de feuillets.

« Prends-les, dit-il. Certaines de ces feuilles sont écrites, d'autres sont vierges. Celles qui sont vierges sont aussi importantes que celles qui ne le sont pas. »

Le disciple prit les feuillets. Il étudia les pages sur lesquelles il y avait quelque chose d'écrit. Les autres aussi, il les conserva précieusement en attendant le moment où leur valeur lui serait révélée.

Un jour, alors qu'il se trouvait dans un caravansérail, il tomba malade. Il gisait sur son lit, frissonnant de fièvre. Il semblait à l'article de la mort. On appela le médecin.

« Il n'y a pas de temps à perdre, dit celui-ci. Trouvez-moi une feuille de papier, de belle qualité, sur laquelle je puisse inscrire un talisman qui le délivrera de son mal. »

Tous ceux qui étaient là cherchèrent un peu partout. N'ayant rien trouvé, ils fouillèrent dans le havresac du voyageur et tombèrent sur des feuilles blanches dans la liasse des écrits du maître soufi.

Le médecin arracha une feuille vierge de la liasse, puis inscrivit dessus une figure étrange.

« Trempez-la dans l'eau, ordonna-t-il. Quand l'encre sera dissoute, donnez l'eau à boire au malade : il sera rétabli en trois heures. »

Ils suivirent les indications du médecin, et le disciple fut bientôt guéri. Le remède avait fait son effet : le remède dont le maître soufi avait à l'insu de tous imprégné les pages blanches.

Mais cela, le disciple ne le savait pas. Désirant connaître la fonction des pages blanches, il alla voir un vénérable derviche auquel il raconta ce qui lui était arrivé.

« Ô jeune homme au brillant avenir ! dit le derviche, tu n'as pas été guéri par le talisman mais par les propriétés curatives des substances dont la page était imprégnée.

– Pourquoi le secret des pages vierges ne m'a-t-il pas été confié ? Pourquoi ne m'avoir rien dit ?

– Quand il s'agit de sauver une vie, ce qui compte, c'est l'action efficace : les explications viennent après. »

Le disciple rebroussa chemin, chercha le docteur qui l'avait soigné, apprit qu'il était parti pour un pays lointain. Ce n'est qu'après bien des vicissitudes qu'il franchit le seuil de sa maison.

« Comment en es-tu venu, ce jour-là, au caravansérail, à décider qu'il fallait pour me sauver tracer un talisman sur du papier ? » l'interrogea-t-il.

Le docteur répondit :

« Le grand derviche dont j'étais l'élève autrefois (ce grand maître celait toujours ses miracles) m'avait dit : "Un jour, on te fera venir dans un caravansérail pour examiner un malade. S'il a tel type de fièvre, demande qu'on t'apporte du papier uni, trace un diagramme sur une feuille, plonge-la dans l'eau, et qu'ensuite le malade avale cette eau : sa fièvre baissera en trois heures." »

Le disciple demanda :

« Le maître t'avait-il donné des instructions sur ce qu'il fallait faire au cas où il n'y aurait pas eu de feuilles de papier ?

– Quand je lui ai posé cette question, dit le médecin, mon maître m'a fait cette réponse : "S'il n'y a pas de feuilles de papier, cela signifiera que cet homme aura été insouciant de sa tâche, qu'il est de ceux qui sont inattentifs aux ordres des sages. Il se sera attiré la mort. S'il n'y a pas de papier à ce moment-là, le malade mourra." »

La réponse d'Ansari

Bahaudin Naqshband se trouvait dans sa salle de réception quand un aristocrate insolent qui voyageait au service du sultan demanda à le voir.

« Faites-le entrer », dit Bahaudin.

L'envoyé, après avoir échangé avec le maulana les salutations d'usage, lui dit :

« Si j'ai fait un détour pour te voir, c'est, entre autres raisons, pour te poser une question très directe : quelle *est* au juste ta situation dans la vie, ta position officielle ? Moi, par exemple, je porte le titre d'émir, et je voyage au service d'un empereur.

« D'autres sont princes, marchands, savants, que sais-je encore ? Dans tout pays civilisé, chacun a une dénomination. Quelles sont tes prétentions, et comment doit-on te nommer ? Les gens t'appellent "roi" (*shah*), "seigneur", "maître" aussi. Mais le premier venu, à condition qu'il sache lire et écrire et qu'il ait trois gosses devant lui, a le titre de maître. Il y a des rois qui ne sont rois que de nom et ne détiennent pas le moindre pouvoir. »

Mirza Ansari se tourna vers Bahaudin.

« Maulana, si tu me le permets, je répondrai à cette question.

– Si le prince veut bien accepter ta réponse comme suffisamment autorisée, dit le maulana.

– Oui, acquiesça le prince, car il n'est pas d'usage de demander quelque chose à quelqu'un directement si l'on peut se renseigner sur le sujet auprès d'un subalterne informé. »

Mirza Ansari dit au prince :

« Notre seigneur (maulana) est un homme auquel les rois rendent visite. Les princes lui demandent conseil. Les aristocrates et les savants sollicitent ses commentaires et ses explications. Les marchands et les nobles, les chefs militaires et même les sultans signent les missives qu'ils lui adressent : “Ton serviteur”. Son rang ne saurait donc être inférieur à celui de ces gens. Il ne peut être moins qu'un sultan, qu'il possède ou non un territoire. Il n'est pas non plus considéré comme étant supérieur, puisqu'il n'y a personne de supérieur pour lui conférer ce rang. J'ai l'impression qu'en lui rendant visite tu ne t'es pas abaissé. Mais tu devras interroger quelqu'un de plus éminent qu'un empereur pour savoir quel est son rang, s'il faut traduire cela même en termes de ce monde. »

Maulana Bahaudin ajouta :

« Ne vaudrait-il pas mieux, alors, retirer la question, puisqu'elle semble défier toute réponse ? »

Deux conseils

Il était une fois un monarque éclairé qui s'était efforcé de traiter ses sujets avec bienveillance, en usant le moins possible de son autorité.

Or une certaine désaffection du peuple pour la couronne se faisait sentir. Au lieu de se montrer coopératifs et respectueux avec les fonctionnaires royaux, les gens se plaignaient sans cesse, devenaient turbulents.

Le roi, préoccupé, déambulait un jour sur le chemin de ronde d'un de ses châteaux, lorsqu'il aperçut un derviche, reconnaissable à sa robe rapiécée, assis à même le sol au pied de la muraille.

« Ces derviches sont réputés connaître tous les secrets, se dit le roi. Pourquoi ne pas consulter celui-là ? »

Il exposa brièvement son problème au derviche, puis demanda un conseil.

« Je te donnerai non pas un conseil, mais deux conseils, dit le derviche.

– Merci, fit le roi, mais tout ce qu'il me faut en l'occurrence, c'est *un* conseil.

– En ce cas, dit le derviche, je te le dis : "Si tu dois gouverner, alors gouverne !" »

Le roi exerça son autorité avec une poigne de fer. Il traita ses sujets avec une telle sévérité qu'à la fin ils se révoltèrent. Il fut contraint de s'enfuir, déguisé en derviche, après avoir échappé de justesse à la mort.

Alors qu'il traversait une forêt, il s'arrêta au bord d'un ruisseau pour se laver le visage. Le derviche qui l'avait conseillé était assis tout près, en contemplation.

« Voilà où cela m'a mené de t'avoir écouté ! dit le roi.

– Veux-tu connaître le second conseil ? demanda le derviche.

– Je n'ai plus rien à perdre, parle !

– Voici le second conseil : "Ne demande jamais conseil, et ne suis jamais aucun conseil, sans t'être assuré que le donneur de conseils est une personne compétente." »

Les présents

Trois pèlerins apportèrent leur offrande à un maître soufi.

Le premier lui fit don d'un flacon de parfum précieux ; le deuxième, d'un mouchoir dans lequel il avait noué quelques pièces d'or ; le troisième, d'épices rares, valant leur pesant d'argent.

Le soufi mit un peu de parfum sur la paume de ses mains, fit cadeau de l'or à un passant, et rendit les épices au troisième pèlerin.

Certains de ceux qui venaient régulièrement observer les faits et gestes du sheikh discutèrent entre eux la signification de ses actes.

Ils en conclurent que le don de parfum était accepté : le donateur avait gagné l'approbation du maître, ses réalisations spirituelles, présentes ou à venir, étaient reconnues. Le sage avait fait cadeau de l'or : cela montrait son manque d'intérêt pour les choses matérielles. Il avait refusé les épices : celui qui les lui avait offertes avait manifestement essuyé une rebuffade.

Puisqu'ils n'étaient pas des soufis initiés, ils ne pouvaient recevoir le vrai message transmis par les actes du soufi. Bien des années plus tard, un maître-enseignant leur donna cette explication :

« Le sheikh a utilisé le parfum pour faire plaisir au donateur, puisque cet homme en était encore au stade où il avait besoin du soutien d'une récompense visible. Il a fait cadeau de l'or au passant pour enseigner quelque chose au deuxième pèlerin, quelque chose qui lui manquait : la vraie générosité. Il a rendu les épices pour faire comprendre à celui qui les avait apportées que la possession d'épices de grande valeur n'est rien : ce qui comptait, c'était l'effort que celui-ci avait dû accomplir pour les acquérir. Et c'est cet effort qui l'avait déjà transformé et l'avait rendu digne d'utiliser les épices d'une autre façon encore. »

L'homme en général est très loin de pouvoir interpréter le sens des événements ! Ce n'est que dans le cercle des élus que ces choses sont comprises.

*
**

Si tu te crois trop supérieur pour te servir d'un bout de ficelle, ne t'étonne pas qu'une corde ne fasse pas l'affaire.

Proverbe

LE RENARD QUI FUT FAIT SOUFI

Un renard faisait des incursions dans les fermes de la région et emportait les poulets. Les villageois firent appel à un soufi de grand renom. Ils lui demandèrent de les aider à le capturer.

Le soufi sortit une amulette de sa poche, la posa sur le sol en un lieu qu'il choisit : peu de temps après, on y trouva le renard, cloué sur place, comme pétrifié.

Les villageois, ravis, se rassemblèrent autour de lui. Le soufi dissipa le pouvoir du charme et attacha quelque chose à un collier qu'il passa au cou de l'animal. Puis, au lieu de le remettre entre les mains des paysans pour qu'ils le tuent, il le libéra.

Les villageois protestèrent bruyamment :

« Mais que fais-tu ? Maintenant le renard va recommencer à marauder partout !

– Non, dit le soufi, je lui ai mis le Symbole de la Voie autour du cou, et les soufis ne sont pas des voleurs : il ne vous dérobera plus jamais rien, il réservera désormais ses attentions aux bêtes sauvages.

– Mais tu aurais pu tout aussi bien le tuer ! dirent ces gens.

– Ah ! dit le soufi, il me fallait le punir un peu, afin qu'il puisse s'amender, tant en pensée qu'en action.

– Mais porter l'emblème des soufis, ça n'est pas une punition...

– Vous ne le savez pas ? Eh bien, maintenant, chaque fois qu'on le verra, on le chassera des lieux fréquentés par les hommes. On lui dira : "Tu n'es pas rationnel, tu es l'ennemi des savants. Et les savants, bien sûr, sont les plus sages d'entre les hommes." »

Quand un homme vient vous voir...

Bahaudin Naqshband a dit :

« Quand un homme vient vous voir, rappelez-vous que son comportement est un composé, tout comme le langage qu'il tient. Il n'est pas venu acheter, vendre, convaincre, donner ou recevoir du réconfort, comprendre ou faire comprendre. Dans presque tous les cas, il est venu faire ou essayer de faire tout cela à la fois, et bien davantage.

« Comme on pèle un oignon, il enlève une enveloppe après l'autre. Alors vous découvrez, à ce qu'il dit, ce qu'intérieurement il perçoit de vous.

« Quand ce moment sera venu, vous ne tiendrez plus aucun compte de la substance et de la signification apparentes de ses paroles ou de ses actes, parce que vous percevrez la réalité au-delà.

« Notez bien que l'homme en face de vous, pendant qu'il fait cela, est presque toujours totalement inconscient du fait qu'il parle "le langage du cœur" (la communication directe) : il peut penser qu'il se comporte en homme érudit, cultivé, qu'il est motivé par ceci ou cela.

« Voilà comment le soufi lit dans la pensée de ceux qui ne savent pas lire dans leur propre pensée. Il sait aussi dans quelle mesure le visiteur est capable de compréhension véritable, jusqu'à quel point il connaît réellement (abstraction faite de ce qu'il croit savoir), et jusqu'où il peut réellement progresser.

« C'est un des objectifs majeurs de *sohbat* ("être en compagnie d'un homme"). »

Notes

Ces notes remplissent des objets divers : parfois elles amplifient le thème, parfois elles renvoient à tel ou tel livre ou article, parfois ce sont des notices biographiques. Certaines histoires ne s'accompagnent d'aucune note, soit qu'elles se passent d'explication, soit qu'elles constituent – à la manière soufie – des entités en elles-mêmes, auxquelles il ne faut pas toucher.

INVESTIGATIONS DERMIQUES

Tous les soufis sont d'accord pour reconnaître que le soufisme est une unité. Mais les « spécialistes » semblent presque lutter les uns avec les autres pour découvrir « à partir de quoi il s'est développé ». Voici quelques-unes des « sources » et des identifications revendiquées par certains spécialistes, qui n'ont réussi qu'à prouver ceci : le soufisme semble être différent selon que l'un ou l'autre le regarde.

• Les gnostiques : J.W. Redhouse, *The Mesnevi* (Londres, 1881), p. XIV.
• Néo-platonisme et christianisme : Gertrude Bell, *Poems from the Divan of Hafiz* (Londres, 1928), p. 49.
• Islam chiite, chamanisme, christianisme : Dr. J.K. Birge, *The Bektashi Order of Dervishes* (Hartford, 1939), p. 210 et suiv.
• Hindouisme et bouddhisme : Rev. T. P. Hugues, *Dictionary of Islam* (Lahore, 1964), p. 620.
• Le professeur R.A. Nicholson a fini par conclure : « Le soufisme est indéfinissable » (*The Mystics of Islam*, Londres, 1914, p. 8).

Ces réactions illustrent de manière saisissante le « syndrome éléphant-dans-le-noir » : dans la célèbre histoire, différentes personnes identifient au toucher, dans l'obscurité, différentes parties d'un éléphant comme étant un éventail, un pilier, une corde, etc. Et chacun prend la partie pour le tout. Le conte original (d'après Hakim Sanai et Maulana Rumi) figure dans mes *Contes derviches* (Paris, Le Courrier du Livre, 1979 ; 1983 ; 1988) et *The Sufis* (Londres, Octagon Press, 1964).

L'HOMMAGE AU VOLEUR

Junaid de Bagdad (Abul-Qasim Junaid), IXe siècle. « Prince du Groupe » (*Sayed el-Taifa*) : tel était son nom soufique. Érudit impeccable, on l'appelait « Paon des Savants » (*Taus el-Ulema*). Il instruisait ses élèves officiels en public, ses élèves spirituels à huis clos. Il axait son enseignement sur une des huit formulations de Habib Ajami (VIIIe siècle). On qualifiait cette école de junaidiste (*junaidia*). Voir aussi *The Way of the Sufi* (Londres, Cape, 1968) p. 165 et suiv. ; p. 246.

LE DÉTRACTEUR

La technique décrite ici n'est pas destinée à remplacer les modes courants d'évaluation des problèmes. Il s'agit plutôt d'exercer l'aptitude à juger des situations selon un autre point de vue que celui qui s'arrête aux apparences. On trouvera d'autres exemples de pensée non linéaire dans *Reflections* (Londres, Octagon Press, 1968), *Caravane de rêves* (Paris, Éditions du Rocher, 1991), et *Sagesse des idiots* (Paris, Le Courrier du Livre, 1984).

LES MATÉRIAUX DE LA RÉGION

L'enseignement soufi est dispensé en accord avec les caractéristiques réelles de la situation, selon le principe « Le moment, le lieu, les gens » (*Zaman, Makan, Ikhwan*). Le comportement dogmatique, la reproduction d'autres formes extérieures n'y ont pas leur place.

QUAND L'EXTRAORDINAIRE DEVIENT ORDINAIRE

Alim Azimi se laisse attaquer pour dramatiser une situation. C'est la technique dite *malamati*, qui consiste à encourir l'opprobre pour mettre en lumière l'absurdité des reproches adressés, ou faire ressortir le caractère superficiel des suppositions des observateurs. Ce point est développé dans *The Sufis* et *Contes derviches*.

SERVICE INVISIBLE

L'émotion peut être un obstacle à la perception.

Renvoyé

La colère employée à des fins dynamiques, pour inciter, non pour humilier. Mulla Jami et Najmudin Kubra y avaient souvent recours. Voir *The Sufis* et *Contes derviches*.

Quatre groupes

Cette histoire met en relief la méthode soufie qui consiste à « prescrire » en fonction de l'être individuel concerné, et non à appliquer des techniques d'instruction sans se soucier de la situation.

Supplications accumulées

Les soufis soutiennent que l'intention juste concentre un pouvoir intérieur qui ne peut profiter qu'à ceux qui ont eux-mêmes une intention juste. Cette doctrine nie le principe selon lequel « si cela semble bien, alors ce doit être bien ».

Opinion et réalité

Ce que ce récit nous dit va à l'encontre de la croyance rassurante que l'on peut juger sur les apparences. La manière de procéder dite *malamati* (aptitude à s'attirer le blâme au nom d'un intérêt supérieur) est unique chez les soufis. Elle est, pour eux, la réalité dont le masochisme et la délectation de la « souffrance salutaire » sont la dégénérescence ou la déformation morbide.

La boucle est bouclée

Ce n'est pas un conte didactique mais une « histoire-enseignement » destinée à entraîner l'esprit sur des sentiers inconnus plutôt qu'à susciter une croyance dans un mécanisme caché. Ceux qui prennent l'histoire dans ce second sens sont, pour le soufi, trop enclins à imaginer.

Les fous

Ajnabi (« L'Étranger ») apparaît souvent dans la tradition soufique comme celui qui éprouve la sincérité des gens. Si quelqu'un donne de l'argent, manifeste du respect ou rend service pour faire impression, ou pour sa satisfaction personnelle, cela doit être mis au jour avant qu'un quelconque progrès puisse être accompli dans la découverte du moi réel. Les derviches qui privent délibérément le « moi artificiel » d'aliments inférieurs œuvrent en ce sens. Ils refusent les présents et les honneurs.

Un groupe de soufis

Des expériences comme celle-ci sont courantes dans la tradition derviche, le but étant de révéler le caractère superficiel de l'attitude consistant à juger des choses et des gens selon des critères sociaux et non spirituels.

Salik en route pour Kandahar

On a recours traditionnellement à ce type d'action à des fins d'illustration pour souligner que l'espoir et la peur sont des facteurs de « manipulation », fonctionnant à un niveau superficiel. Les recherches conduites récemment en Occident sur le conditionnement ont mis ces mécanismes en évidence, mais l'esprit moderne n'en a pas encore mesuré toutes les implications. Rabia el-Adawia (voir *The Way of the Sufi* et *The Sufis*) a dit à ce sujet – et ces mots n'ont pas cessé depuis d'être cités et commentés –, « Seigneur, si je te prie par peur de l'enfer, jette-moi en enfer. Si je te prie par désir du paradis, refuse-moi le paradis. »

ABSENT

On doit à Halqavi beaucoup d'« anecdotes-démonstrations » comme celle-ci. Halqavi est l'auteur d'un conte important, « La nourriture du paradis » (voir *Contes derviches*), dont Robert Graves a fait un livre pour enfants, *The Poor Boy who Followed his Star* (Londres, Cassell, 1968). Comme dans beaucoup de contes soufis, les personnages de l'histoire (roi, soufi) représentent des processus psychologiques. Ainsi que le souligne Rumi dans son *Mathnavi*, « les gens disent à propos de ces histoires que "cela se passait il y a longtemps". Mais "Moïse" et "Pharaon" sont aussi deux aspects de vous-mêmes. »

TROIS MAÎTRES SOUFIS

C'est un thème soufi qui revient souvent : le langage a des fonctions autres que la communication du sens manifeste des mots. Le son peut agir sur le cerveau (voir *The Way of the Sufi*, p. 16) ; et dans la vie sociale une énergie peut être dissipée par une autre énergie.

LA CONNAISSANCE SECRÈTE

La « thérapie par aversion » n'est pas une découverte nouvelle. Ce récit décrit un processus d'élimination : sont d'abord éliminés ceux qui se laissent facilement influencer, puis ceux qui sont obsédés. De ce point de vue, la sélection soufique des élèves diffère radicalement d'autres méthodes, dont les tenants cherchent les individus influençables, qu'ils accueillent à bras ouverts comme étant des esprits éclairés, et recherchent le soutien des obsédés. D'autres exemples sont donnés dans *Caravane de rêves* et *Sagesse des idiots*.

LA BANDE

L'aptitude soufique à se détacher des objets – détachement qui rend impossible le développement de l'« idolâtrie » et les fixations sur les apparences extérieures – permet ici aux élèves non seulement d'apprendre mais de survivre. Les commentateurs déconcertés, qui tiennent à déterminer « ce que les soufis croient » et se heurtent à des désaveux et à des contradictions, ont été contraints, du fait de leurs *a priori*, de considérer le soufisme comme « chaotique » ou « divisé en différents dogmes ». En Occident, ces dernières années, un grand nombre de matériaux soufis ont été publiés, et étudiés par des spécialistes sans idées préconçues. Un mode d'évaluation du soufisme se dégage, très significatif. Des poètes mais aussi des scientifiques discernent l'essence de ces matériaux et ne demandent pas qu'on leur présente un dogme étroit à accepter ou à rejeter.

INVISIBLE

L'action soufie est invisible. Sa littérature, bien qu'essentielle, n'est pas sacrée. « Le sacré, c'est ce qui ne peut être détruit » (Tayfuri).

AHMED YASAVI

Les soufis procèdent autant par exclusion que par inclusion – de personnes, d'actions, d'idées. Le nom de Yasavi (mort en 1166) apparaît dans la « chaîne de transmission » naqshbandi, mais aussi dans la « chaîne » bektashi. Il était le disciple du Khwaja (Maître) Abu-Yusuf Hamadani (mort en 1140). La revue *Systematics*, VI, 4 mars 1969, p. 313-314, a publié une note sur Yasavi. Pour son enseignement central, voir mon *The Book of the Book* (Londres, Octagon Press, 1969).

LA VAPEUR DE LA MARMITE D'IKHTIARI

Ikhtiari signifie « l'homme qui a le choix ». Sheikh Imdad Hussein, el-Qadiri, dans son introduction au classique de Mahmud Shabistari, *The Secret Garden* (Londres, Octagon Press, 1969), évoque la « confusion » des érudits et des experts, orientaux et occidentaux, confusion engendrée par un comportement délibéré de la part des soufis.

LE VOYAGE

Cet exemple d'une attitude consistant à ne pas causer un préjudice à une action en la dissimulant à un participant se reflète dans plusieurs techniques soufies décrites par quatorze orientalistes dans *New Research on Current Philosophical Systems* (Londres, Octagon Press, 1969).

JE NE SAIS PAS

Dans cette histoire d'origine indienne un hindou identifie un soufi mieux que n'avaient su le faire ses propres disciples. Voir à ce propos l'étude de William Foster, *Sufi Studies Today*, publiée dans *The World of the Sufi. An anthology of writings about Sufis and their work* (Londres, Octagon Press, 1979, p. 222-232).

LE PAYS DES TORTUEUX

L'« inattendu » dans la théorie et la pratique soufies. Voir, par exemple, R. W. Davidson, *Documents on Contemporary Dervish Communities* (Londres, Octagon Press, 1966).

HAZRAT BAHAUDIN NAQSHBAND

Des épisodes similaires ou apparentés sont rapportés dans *Reflections, Caravane de rêves* et *The Way of the Sufi.*

QUALITÉS

Khidr, le « guide invisible ». Ce récit très caractéristique du corpus de Khidr souligne la différence entre vertus imaginées et vertus réelles.

ANWAR ABBASI

Le choix entre réputation et efficacité. Le personnage de Mulla Nasrudin sert souvent à illustrer cette alternative.

PROTECTION

Sahl (fils d'Abdullah de Tustar) fut un des maîtres de Mansur el-Hallaj, le grand martyr du Xᵉ siècle. On appelait ses disciples : les Sahlis. On appelle aussi « Sahli » (de Sahl) le derviche dans la phase de l'effort intense (*mujahida*).

L'ARISTOCRATE

On trouve parmi les descendants de Mohammed nombre des maîtres soufis, notamment Abdul-Qadir de Gilan et Bahaudin Naqshband. La tradition de la famille exige cependant que les aptitudes héritées soient actualisées par des réalisations dans la vie ordinaire. (Voir William Foster, « The Family of Hashim », *Contemporary Review,* (Londres, mai 1960).

PEINE ET PLAISIR

L'observation de soi comprend l'analyse de la peine et de la joie. Ce n'est ni de l'introspection ni de la tracasserie. D'innombrables histoires soufies sont conçues à des fins d'observation.

LE MAGICIEN

C'est l'une des nombreuses anecdotes soufiques contenues dans ce livre qui passent pour instruire à plusieurs niveaux, le niveau factuel étant le moins important. La familiarisation avec les textes soufis prescrits peut être un élément essentiel de la préparation de l'élève. Le soufi dit que « le mot écrit est dénué de sens » et exige en même temps de l'élève qu'il l'étudie. Paradoxe apparent, puisque l'interprétation des textes vient après leur étude : c'est un stade ultérieur. Le spécialiste russe, M. Filshtinsky, note que « ces matériaux jouent généralement sur deux registres. Le terrestre, dans ces textes, n'est que l'allégorie du céleste... C'est dans cet échange mutuel des mondes terrestre et supérieur que réside le secret de l'influence puissante exercée par les plus beaux exemples de la poésie soufie ». (*Arabic Literature*, Académie des sciences, Nauka, Moscou, 1966, p. 201).

GRAMMAIRE

Ce conte, et certains de ceux qui suivent, du fait qu'ils semblent critiquer les « savants », ont traditionnellement suscité des réactions énergiques et indignées de la part de ceux qui croient que l'activité intellectuelle et les intellectuels eux-mêmes sont ici attaqués. Or ce qui est visé, c'est la pédanterie et les suppositions superficielles, au pire la mauvaise érudition. Le « mauvais érudit », l'intellectuel superficiel, sont l'incarnation du fonctionnement médiocre de l'esprit. Pour d'autres exemples, voir *Sagesse des idiots*.

MÉCONTENT

Les soufis pensent qu'une vérité supérieure, simple, essentielle, sous-tend la complexité et la prolixité propres aux « niveaux inférieurs ». La méthode soufique de « dissémination » suppose toutefois que l'on expose l'élève à de nombreuses extrapolations de cette vérité, de façon qu'une idée se cristallise dans son esprit. « Le connu est le pont vers l'inconnu. »

CONVICTION

Ceux qui changent d'avis imaginent habituellement que c'est toujours pour des raisons logiques. Les soufis s'inscrivent en faux contre cette supposition. Des chercheurs occidentaux ont montré récemment que le revirement d'opinion s'explique par d'autres raisons, non élucidées jusque-là. En 1969, le professeur Ward Edwards (Université du Michigan, Engineering Psychology Laboratory) a mis en lumière ceci : les gens peuvent arriver à une décision sur la base des faits portés à leur connaissance, mais il leur est très difficile ensuite de modifier les conclusions auxquelles ils ont abouti, même lorsque leur sont apportés de meilleurs éléments d'appréciation.

NOURGIR, L'HOMME QUI CAPTAIT LA LUMIÈRE

L'enseignement soufi vise essentiellement à préparer l'élève à des expériences qui, sans cela, le désorienteraient et le submergeraient : « L'inférieur est transformé par le contact avec le supérieur. »

INTERPRÉTATION

L'acceptation formelle d'un disciple par un maître n'est pas le début du contact, mais la manifestation extérieure d'une relation déjà existante. Les soufis interagissent avec les élèves par le moyen d'exercices tels que *sohbat* (compagnie) : aucun mot n'est prononcé, quelque chose passe du maître au disciple. Ce concept aurait paru bizarre à l'extrême aux penseurs occidentaux il y a peu de temps encore. Le Dr. E.R. John (dans *Science*, vol. 159, p. 1489) rapporte que les chats « apprennent » des expériences au contact d'autres chats, uniquement en étant associés avec eux : « Il semble bien que nos ancêtres, avec leurs systèmes d'apprentissage (les apprentis observant passivement leurs maîtres), « savaient » aussi – comme les chats observateurs – ce qu'ils faisaient. » (Recherches conduites par le laboratoire d'étude du cerveau au Medical College de New York : compte rendu publié dans *New Scientist*, 11 avril 1968, p. 89).

YUSUF, FILS DE HAYULA

L'opposition au soufisme (Roger Bacon, en Grande-Bretagne, en parlait comme de « la sagesse orientale ») a été permanente, bien qu'infructueuse, en Orient. La manière dont on considère les soufis en Occident vient souvent de là. Voir *The Sufis*. (« La première école soufie classique d'Europe, et la plus puissante, fut fondée en Espagne il y a plus de mille ans. »)

EN CHINE

La connaissance soufie, comme le soulignent Rumi, Sanai et Ibn Arabi, n'a qu'une très légère ressemblance avec les techniques et les aspects extérieurs de la « religion », de la « philosophie », du « mysticisme » et autres niveaux d'étude similaires, bien qu'elle soit liée à ces différentes formes de façon reconnaissable.

LA VOLONTÉ D'IRRITER

Le soufi de l'histoire sait quelle va être la réaction de son correspondant, et cette réaction probable est prise en compte dès le départ : elle est un élément prévu de l'opération. C'est un exemple d'« enseignement non perçu ». Il est plus fréquent de voir le maître soufi se tenir complètement en dehors de l'expérience, de façon à éviter les réactions subjectives. Il ressort d'un rapport de la Harvard Medical School (*The Times*, Londres, 26 juin 1969), intitulé « Les psychiatres rendent leurs patients malades », que l'attente de l'individu le fait agir d'une certaine manière quand il sait que le docteur est présent, ou qu'il attend sa visite.

DISSUASION

Pour les soufis, il n'est pas nécessaire que la situation d'enseignement comporte un ingrédient social ou émotionnel. Le contraste est à cet égard très marqué avec d'autres écoles, dont les représentants, immanquablement, s'évertuent à inclure dans les contacts d'« enseignement » autant d'éléments subjectifs et collectifs que possible. Les soufis ont toujours insisté sur le fait que la communication subtile a un effet bien plus puissant sur l'homme. Parallèlement, certains travaux scientifiques ont fait apparaître que toutes les créatures vivantes, l'homme y compris, sont « incroyablement sensibles » à des ondes de très faible énergie – quand sont exclues des influences plus fortes. (Voir *Les Horloges cosmiques*, de Michel Gauquelin (Paris, Éditions Denoël, 1965), qui rend compte de recherches scientifiques récentes).

BAHAUDIN

La franchise brutale manifestée ici par Bahaudin Naqshband, capable de se montrer dur à l'occasion, comme d'autres maîtres d'Asie centrale, fut personnifiée par Jami et Najmudin Kubra (voir *Contes derviches* et *The Sufis*).

LECTURE

Les pédants jaloux, qui monopolisaient, à la manière traditionnelle, l'intérêt public et s'opposaient souvent aux soufis, existaient en nombre suffisant dans le passé pour que l'anecdote ait une chance d'être authentique. Mais l'histoire est aussi destinée à décrire, en la personne des « savants » et du « cheval », certains processus mentaux automatiques.

LES YEUX ET LA LUMIÈRE

Salih de Merv est un illustre soufi du XIXe siècle. Il existe une autre réponse traditionnelle, souvent citée : « Ce n'est pas la faute du soleil si le hibou a la vue faible. »

KASAB DE MAZAR

Kasab (« boucher ») est un nom poétique, qui signifie « celui qui démembre les corps de la supposition déplacée, de façon à rendre leurs éléments constitutifs assimilables de la bonne manière ».

DIGESTION

Le contenu de l'enseignement soufi est multiple. Son effet aussi. C'est ce qui est souligné ici.

CIBLE

Ce n'est que lorsqu'il est clair qu'ils n'ont pas envie d'enseigner que les soufis sont autorisés à enseigner. Cette envie pourrait, autrement, masquer un désir d'attention ou de pouvoir. La « vocation » revêt, dans le soufisme, une signification spéciale, et n'a aucun rapport avec la croyance selon laquelle il faudrait « prêcher la bonne parole ». Enseigner est une question d'aptitude, non de désir.

LA NOURRITURE DU PAON

Ce texte illustre un thème soufique : les derviches travaillent pour l'avenir autant que pour le présent. « D'autres ont semé pour moi, je sème pour ceux qui viendront après moi. »

L'HOMME PARFAIT

Les derviches se préoccupent de l'effet, non de l'apparence. Le psychiatre A. Reza Arasteh, dans son livre sur Rumi (*Rumi the Persian*, Lahore, 1965), souligne la primauté de l'expérience sur l'institution. Erich Fromm, dans sa préface à l'étude d'Arasteh, parlant de Rumi, évoque « sa connaissance intime et profonde de la nature humaine ». Beaucoup, avec Fromm, considèrent aujourd'hui le soufisme comme étant une étude supérieure de l'homme par l'homme et non, comme certains l'avaient autrefois supposé, une sorte de système d'endoctrinement mystico-religieux de nature composite. (Voir Idries Shah, *Apprendre à apprendre*, Paris, Le Courrier du Livre, 1987 ; *Chercheur de vérité*, Paris, Albin Michel, 1984, 1992 ; *The Perfumed Scorpion*, Londres, Octagon Press, 1978 [*N.d.T.*]).

MAINTENANT COMMENCE

Ce principe, à savoir que telle phase du travail soufi s'adresse à tels groupes en particulier et que d'autres groupes pourront recevoir des directives différentes, est celui qui est le plus souvent violé par les soufistes « institutionnalisés » qui, bien que plus visibles, ne sont pas reconnus comme soufis par les soufis.

MILLE DINARS

Cette histoire d'Attar met en lumière le fait qu'un sentiment de possession peut accompagner l'indifférence supposée à l'égard de l'argent.

LES ÉPREUVES

Junaid, Shibli et Harari sont trois des anciens maîtres de la période dite classique. (Voir *The Sufis, Contes derviches* et *The Way of the Sufi*.)

HOMMES ET CHAMEAUX

« Ce qui est en bas est comme ce qui est en haut. » Un des nombreux exemples de perception soufique, sous forme de parabole.

MIROIR

Comme Nasrudin dans nombre de ses histoires, le soufi mime la pensée et le comportement des membres de l'assistance, et leur donne ainsi une chance de s'examiner, comme dans un miroir. (Voir *Les Exploits de l'incomparable Mulla Nasrudin*, et *Les Plaisanteries de l'incroyable Mulla Nasrudin*, Paris, Le Courrier du Livre.)

L'ÉTAT DE DISCIPLE

« L'aptitude et non le désir » : c'est un élément très important de la quête soufie. L'aspiration peut venir d'abord, mais elle doit devenir efficiente à travers l'aptitude pour qu'un progrès sur la Voie devienne possible.

GRENADES

Tous les vrais maîtres soufis mettent les élèves potentiels à l'épreuve afin d'établir s'ils désirent du temps, de l'attention, du réconfort, voire de l'inconfort, ou s'ils veulent la connaissance et le progrès. Ce qui est efficace (donner du temps, de l'attention) dans le contexte d'une psychothérapie ne l'est pas forcément dans celui d'un travail spirituel ; ce qui est bon pour la guérison n'est pas forcément indiqué dans un domaine où l'objectif est l'« illumination » : c'est ce qu'illustre ce conte.

ABDALI

L'histoire illustre une situation que l'on rencontre souvent : l'élève, quoi qu'il pense, attend d'un maître des avantages, non une instruction.

SANS ENTRAVE

Nuri signifie « de lumière ». On disait qu'il brillait dans l'obscurité lorsqu'il enseignait. Il fut le disciple de Sari el-Saqati et mourut en 908. C'était l'un des associés de Junaid, qui l'appelait « l'Espion des Cœurs » (Jasus el-Qulub), car il avait la réputation de pouvoir lire dans la pensée d'autrui. On cite souvent cette parole de Nuri : « Ce lieu – la Terre – est pour le service de Dieu et pour la réalisation de l'accord avec Dieu. » Son nom en toutes lettres était Hadrat (la Présence) Abul-Hussein Ahmad ibn Mohammed el-Nuri.

MUSA D'ISPAHAN

Cette aptitude soufie d'être « *dans* le monde sans être *du* monde » est confirmée par le nombre étonnant d'adeptes qui furent des hommes remarquables, à considérer leurs activités en ce monde. Cette capacité d'exceller dans le domaine temporel est si flagrante qu'elle fait aux yeux de beaucoup la différence entre le soufi et le mystique qui rejette la société ou, tout au plus, se distingue dans les activités profanes.

SANDALES

Dans l'enseignement soufi, les éléments de l'étude sont choisis avec soin par le maître à l'intention des élèves. Les imitateurs imaginent pourtant que ces « cours » sont des systèmes qui s'appliquent en tout temps et en tous lieux.

LUTTE

« Le soufi trouve des éléments analogiques pour son développement à n'importe quel niveau de matière ou de substance. » (Sheikh Nadaf).

LE YÉMÉNITE

Les livres soufis sont destinés à des publics restreints dans le temps. Ils exercent aussi des fonctions non reconnues dans d'autres cultures comme pouvant être exercées par des livres. Si tant de soufis acquièrent des exemplaires personnels des ouvrages dont l'étude est prescrite, c'est, entre autres raisons, parce que de nombreux sheikhs ont affirmé qu'un livre étudié par plus d'une personne perd une part de sa substance, et peut « s'épuiser » de façon imperceptible.

LE VOYAGE DE MINAI

L'existence d'un schéma caché dans la vie est un thème récurrent dans les contes soufis. *Minai* signifie « émailleur ». (Cf. certaines histoires de *Contes derviches, Caravane de rêves, Reflections* et *The Way of the Sufi*.)

SEULS TROIS HOMMES AU MONDE

Ainsi que l'histoire de Khidr le fait ressortir, il y a deux façons d'aborder l'existence : dominer son environnement, ou le comprendre avant de décider quand et où s'harmoniser avec lui, quand et où essayer de le dominer.

LE PALAIS DE L'HOMME VÊTU DE BLEU

Des « expéditions » telles que celle-ci (le derviche met délibérément les gens à l'épreuve pour voir s'ils manifestent certaines caractéristiques, et s'ils en sont conscients) sont fréquentes dans les textes soufis relatant la vie des maîtres et les tâches assignées aux disciples.

L'HOMME QUI VOULAIT SAVOIR

Beaucoup pensent – et cette croyance s'exprime tout particulièrement dans les contes populaires qui gravitent autour du soufisme – que les vrais maîtres sont les « agents cosmiques du Peuple secret », ceux qui administrent la planète depuis des temps immémoriaux (voir *The Sufis ; Among the Dervishes* de Michaël Burke, *Journeys with a Sufi Master* de Bashir Dervish, *The People of the Secret* d'Ernest Scott [Ces trois derniers livres ont été traduits en français : *Avec les derviches*, Éditions Le Courrier du Livre ; *Voyages avec un maître soufi*, Éditions Flammarion ; *Les Gardiens invisibles*, Éditions Le Courrier du Livre (*N.d.T.*)].

LE MANTEAU

Parmi les techniques de la « philosophie pratique » soufie, il y a une forme particulière d'exercice de remémoration.

CEUX DONT L'HISTOIRE NE PARLE PAS

L'erreur commise couramment, qui consiste à confondre l'émotivité avec la religion ou avec la bonté, expose l'homme à toutes les manipulations.

LA LÉGENDE DU BOUVIER

Parabole de l'essor, de la dégradation, du renouvellement secret et de la dégénérescence finale des systèmes d'idées, au niveau de l'individu ou de l'institution.

LE HANDICAP

Ce conte est un « exercice intérieur » destiné à être absorbé et gardé à l'esprit pendant la méditation.

COMMENT CELA SE PASSE

Un conte à méditer, dans le but de familiariser l'esprit avec certaines structures de pensée qui se présentent rarement en temps normal.

TROIS VILLAGES

Ce conte n'est pas une histoire didactique : il est conçu pour permettre à la conscience de l'élève de s'arrêter sur des relations mentales « spécifiées » en tant que personnes et événements. Les soufis donnent à ces « modèles » la forme de contes de façon à assurer leur transmission. On peut en trouver d'autres exemples dans *Contes derviches, Sagesse des idiots* et *Caravane de rêves*.

LE SUTRA DE LA NÉGLIGENCE

Un *sutra* est un paravent, un écran ou tout autre objet interposé entre une personne et une source possible de distraction durant la prière. Le mot est utilisé ici pour indiquer que même un sutra peut devenir une cause de manquement, d'inattention, en ce qu'il peut capter l'attention au détriment de l'efficacité de la pensée.

REMÈDE

Cette histoire est un thème de méditation et n'est pas destinée à être commentée.

AU PAYS DES IDIOTS

Ce corpus d'histoires drôles est destiné à extérioriser sous formes humaines les schémas de la pensée individuelle, et à montrer que certains événements sociaux, réels ou possibles, sont analogues à certains fonctionnements de l'esprit humain.

L'HOMME ET LE SOUFI

Ainsi que l'affirment souvent les soufis, l'homme est dans une large mesure une projection de son imagination et ne se conduit pas encore comme un homme. Mulla Nurudin Abdurrahman Jami (1414-1492) était un illustre poète persan, et un soufi naqshbandi. Il était aussi professeur dans un établissement d'enseignement supérieur spécialisé, à Hérat. Jami a écrit *Les Sept Trônes*, dont on dit que Lawrence d'Arabie s'est inspiré pour le titre de son œuvre majeure, *Les Sept Piliers de la sagesse*.

LE LIVRE

Un « conte-imprégnation » que les soufis de nombreux ordres sont censés connaître. J'ai traité certains aspects des contes derviches spéciaux dans mon article « The Teaching Story », paru dans la revue philosophique *Point*, hiver 1968-1969. (Ce texte, sous le titre « L'histoire-enseignement », figure dans *L'Éléphant dans le noir*, L. Lewin, dir. publ., Le Courrier du Livre, 1980, Paris [*N.d.T.*]).

L'ÉTAT DE DERVICHE

Ce texte se rapporte à un exercice mental, l'« exercice de la succession » (ici « hier, aujourd'hui et demain »), conçu pour donner à l'élève le pouvoir de sortir sa pensée de l'ornière et de la soulever vers un cycle situé au-delà de la routine humaine ordinaire.

LA SALLE DE RÉFLEXION À DOUCHANBÉ

Ce récit souligne premièrement le fait que les « tâches », si elles deviennent des besognes ingrates, des devoirs ennuyeux, ne sont d'aucune utilité ; deuxièmement, qu'il est nécessaire de « contenir » les élèves quand ils ont vis-à-vis du maître des attitudes outrancières. Une « salle de réflexion » (*Dar el-Fikr*) est un instrument, pas un lieu voué au plaisir esthétique.

L'APPRENTISSAGE DES IMMATURES

Exemple d'événement, de nature historique, rapporté par écrit et conservé à des fins d'enseignement avec l'autorisation du maître. Il est souvent attribué une date à ces extraits, après laquelle ils ne peuvent plus être utilisés. La date attribuée peut être aussi celle à partir de laquelle ils sont « actifs » : cette dernière est parfois antérieure à l'événement réel. Les chronologistes sont, du fait de cette pratique, dans la plus complète perplexité, lorsqu'il s'agit d'assigner une date à ce type de documents.

BRIQUES ET MURS

Ainsi que cette parabole saisissante l'énonce avec concision, la forme extérieure du soufisme change sans cesse – ce qui est une cause d'extrême confusion pour nombre de spécialistes bien intentionnés.

LE TROU ET LE FIL

Le travail soufi total exige que même les grandes figures du passé deviennent, au fil des âges, un élément parmi d'autres d'une structure de développement. Cette doctrine du « remplacement » (l'ancien devenant, en un sens, périmé du fait du nouveau) assure la continuité de l'action menée par les soufis, d'autres maîtres succédant aux précédents, mais prive les disciples des satisfactions du culte de la personnalité. Pour la théorie du « contenu et du contenant », voir mon *The Book of the Book*.

L'ÉCUREUIL

La forme extérieure des choses (qui inclut leur aspect social), bien qu'agréable pour les participants relativement ignorants, peut être regardée par l'homme de perception comme une cause d'affliction à un autre niveau, ou comme une entrave au progrès dans une autre sphère. C'est pour démontrer cela et non pas, comme on l'a cru, par affection pour les insectes, que certains derviches attachaient des grelots à leurs chaussures, « afin d'avertir les scarabées de leur approche ». De nombreux chroniqueurs, confondant sens figuré et sens littéral, manquent à ce point d'imagination qu'ils auraient sans doute supposé que Diogène cherchait effectivement un homme, une lampe à la main en plein jour, si personne ne leur avait donné une interprétation claire de ce que Diogène entendait démontrer.

Paroles de Bahaudin Naqshband

Note de Bahaudin : « L'attente est double : attente de ce que l'on peut prévoir, comme le lever du soleil, et attente de ce qui n'a encore jamais été expérimenté, comme la connaissance supérieure. Le soufisme s'occupe de la seconde. C'est pourquoi les soufis préparent les gens à ce qu'ils peuvent attendre. »

Un des nôtres

L'ergoteur n'entrera pas au paradis sans disputer.

Proverbe

Trois raisons

Ce conte passe habituellement pour signifier que seuls les soufis savent ne pas se laisser manœuvrer. Mais, dans les écoles soufies, on a recours à cette anecdote pour souligner le fait qu'il existe une *autre* fonction de l'esprit, susceptible d'être développée.

Exil

Cette histoire fait ressortir qu'il est absurde d'appliquer les comparaisons ordinaires à la relation admise entre « ce monde et l'autre ».

LE MÉDICAMENT

Les instructions du maître ont leur origine dans un schéma invisible. C'est pourquoi l'observance des règles prescrites est d'une suprême importance. Certaines règles types sont indiquées dans *La Magie orientale* (chapitre 7) et dans *The Sufis*. Des imitateurs, constatant que les derviches répugnent à introduire trop de règles, ont parfois constitué des groupes en rejetant toute règle, ce qui a abouti au chaos.

LA RÉPONSE D'ANSARI

Il est fait allusion ici à l'autorité suprême dans la communauté soufie, et à la préséance reconnue à ses adeptes en de nombreuses régions. Traditionnellement, les descendants du Prophète (c'était le cas pour Bahaudin) ont socialement la préséance sur les monarques non hachémites, puisqu'aucune autorité nationale ne peut conférer ou retirer le titre de *sharif*, ou de *sayed*.

LES PRÉSENTS

Cet exercice est conçu pour apprendre à l'élève à éviter les suppositions superficielles, et à observer les situations plus attentivement.

LE RENARD QUI FUT FAIT SOUFI

Un exemple typique d'anecdote amusante relatant l'exercice de pouvoirs thaumaturgiques, pouvoirs que l'on attribue souvent aux soufis développés, en même temps que d'autres particularités intéressantes. Dans les cercles soufis, cette histoire passe pour contenir une structure intérieure importante pour le développement mental.

QUAND UN HOMME VIENT VOUS VOIR...

Les Maîtres (Khwajagan) sont connus pour leur aptitude à l'échange télépathique, avec leurs disciples et d'autres aussi. Cette méthode, outre qu'elle présente d'autres avantages, évite au maître d'avoir à contourner les positions psychologiques subjectives des individus aptes, et permet « l'appel du cœur au cœur ».

Table

Cet ouvrage a été réalisé par la
SOCIÉTÉ NOUVELLE FIRMIN-DIDOT
Mesnil-sur-l'Estrée
pour le compte des Éditions du Rocher
en mai 1999

Éditions du Rocher
28, rue Comte-Félix-Gastaldi
Monaco

Imprimé en France
Dépôt légal : juin 1999
CNE section commerce et industrie Monaco : 19023
N° d'impression : 47249